궁으로 간 최순이

궁으로 간 최순이

조선시대 진주 최고의 예인

열세 살 소녀- 칼춤으로 고종 앞에 서다

양지선

저자의 말

개개인의 삶은 타인의 눈으로 보면 평범한 하나의 점으로 보일 수도 있습니다. 그러나 그 점 하나하나가 각자에게는 너무도 치열하고 격정적인 시간의 결과물입니다. 특히 여성 예술가의 삶이란 더욱더 그러합니다. 국가무형문화재 진주검무 이수자라면 '최순이'의 이름을 전승 계보에서 제일 처음 떠올리게 됩니다. 그러나 이름 이상의 정보를 찾기 어렵습니다.

경상국립대학교 출판부에서 지역의 인물을 소재로 책을 저술할 작가를 찾고 있던 중이라고 했습니다. 교방문화에 대한 연구서만 집필했던 나에게 스토리가 있는 책을 저술한다는 것은 쉬운 일이 아니었습니다. 결국 출판부의 강력한 의지와 노력이 나를 움직이게 만들었습니다. 그날부터 나는 최순이가 살았던 시대에 살면서 자료를 찾기 시작했습니다. 최순이가 진주에 남긴 점들을 거대한 현미경으로 확대하고 자세히 들여다 보았습니다. 자료가 없다고 생각했는데, 의외로 최순이 선생님은 '숨은 그림찾기' 처럼 여러 자료 속에 조금씩 갇혀 있었습니다.

우연인지 운명인지 모르겠지만 나 또한 최순이와 같은 나이에 서울에 공부하기 위해 유학길에 올랐습니다. 그리고 집안 형편이 어려워져 18살에 진주로 낙향했습니다. 내 인생의 첫 번째 좌절이었습니다. 그리고 다시 삶의 희망과 열정을 안겨준 것이 춤이었고, 그 길에 진주검무가 있었습니다.

이러한 경험의 느낌과 최순이가 실제 겪었던 역사적 사실을 최대한 살려 글을 완성했습니다. 이 글은 경상국립대학교 출판부와 함께 이룩한 스토리의 완성물이며 부족한 작가를 끝까지 믿고 신뢰해준 결과물입니다. 진흙 속에 묻혀 있던 최순이의 존재를 세상으로 나올 수 있도록 빛을 열고 격려해준 여러 지인분께 감사의 말씀을 전합니다.

2023년 6월
양지선

목차

1장

✿ 춤, 운명의 시작

（イ628）　DANCING OF KEE SANS　妓生の舞　（朝鮮風俗）

최순이(나이)	연도	진주사	한국사
	* 1872 (고종 9)	* 정현석 진주목사 『교방가요』 편찬	* 전국 지방지도 459장 제작
최순이 출생 1	* 1892 (고종 29)	* 진주 3.1 운동 주동 제갑석 출생	* 고종 망 50, 즉위 30년 기념 외진찬
	* 1894 (고종 31)	* 동학 세력 확장	* 갑오개혁으로 천민 신분이 폐지됨
	* 1895 (고종 32)	* 진주부-진주군으로 개칭	* 전국 8도제 폐지-23부
진주 거주 3~6	* 1896 (고종 33)	* 경남 도청소재지 진주 설치	* 아관파천
	* 1897 (대한제국 1)	* 경남관찰사 조시영 임명 * 효주 허만정 출생	* 대한제국 선포
진주교방 입학 9	* 1900 (대한제국4)	* 연지사 동종 * 미술공예품 국보 지정	* 한강철교 설치 * 경인철도 개통
선상기 선발 궁에 감, 연향 참가 11	* 1902 (대한제국 6)	* 진주 전보사 설치	* 왕실 관립극장 협률사 설립
궁에서 생활 16	* 1907 (대한제국 11)	* 경상남도재판소 설치	* 관기 제도 폐지
궁에서 생활 18	* 1909 (대한제국 13)	* 최초의 지방신문 경남일보 창간	* 최초의 근대 요리옥 명월관 개원
진주로 낙향 19	* 1910	* 국권 상실로 의암별제 축소	* 한일강제병합 조약
진주 기생조합 제자 양성 22	* 1913	* 진주 기생조합 설립	* 장악원을 이왕직 아악부로 개칭
	* 1919	* 진주 3.1운동(3. 18.)	* 3.1독립운동
	* 1923	* 형평운동	* 이청천, 양세봉 만주에서 일본군과 맞섬
진주 권번 제자 양성 28 ~ 36	* 1925	* 경남도청 부산으로 이전 * 진주-마산간 철도 개통	* 조선총독부 조선사편수위원회 설치
	* 1927	* 무용가 성계옥 출생 * 최초의 창작가요 <강남달> 무성영화 <낙화유수> 주제가로 사용	* 대한민국 정부 수립

최순이(나이)		연도	진주사	한국사
진주 권번 제자 양성	40	* 1931	* 구인회상점(LG 창업주) 진주 중앙시장에서 사업 시작	* 무용가 최승희 전국 순회공연
진주 권번 노동쟁의 참여 의암별제 대축	42	* 1933	* 진성초등학교 개교	* 평양 기생 왕수복 대중가수로 활약
		* 1945	* 진주공립초등학교(배영초) 개교	* 광복
진주국악원 검무 전수	54 ~ 59	* 1949	* 현대 예술제의 효시 영남예술제 (개천예술제의 전신) 시작	* 대한민국 정부 수립 1주년
		* 1950	* 북한군 진주 점령 * 국보 276 촉석루 소실	* 국립국악원 직제 공포
궁중 악사 김천흥 만남	61	* 1952	* 진주시가지 복구 사업	* 나운영 한국현대음악회 창립
제4회 개천예술제 출연	62	* 1953	* 진주–삼천포 철도 개통	* 6.25전쟁 정전 협정
의랑 논개의 비 건립 (의기창렬회)	63	* 1954	* 대아고등학교 설립 인가	* 국립국악원 국악사양성소 개소
무형문화재 조사보고서 '최순이' 기록됨	66	* 1957	* USIS 진주지원 * 진주문화원 개칭	* 대한방송주식회사 설립 * 최초의 텔레비전 방송 개설
재9회 개천예술제 출연	67	* 1958	* 유료영화관 시공관 건립	* 최초의 국내 제작 LP 음반 <KBS 레코드 NO.1>
제11회 개천예술제 출연 (마지막 출연)	69	* 1960	* 촉석루 복원 낙성식	* 4.19혁명
		* 1962	* 한국사진작가협회 진주지부 설립	* 문화재보호법 제정 * 국립무용단 창단
무형문화재 조사보고서 '최순이' 기록됨	74	* 1966	* 선명여자고등학교 개교	* 진주삼천포 농악 국가무형문화재 지정
진주검무 국가무형문화재 지정	75	* 1967	* 봉원초등학교 개교	* 진주검무 국가무형문화재 지정
최순이 사망	77	* 1969	* 진양교 준공 * 남강댐 준공	

프롤로그

　　이 책은 조선시대에 태어나 대한제국, 일제강점기, 현대를 거치며 진주검무의 씨앗이 된 한 여성에 대한 대서사다. 최순이崔順伊는 경남 진주에서 태어났으며 어렸을 때부터 칼춤, 노래, 악기 등 다방면에 훌륭한 재능이 있었다. 그녀는 열세 살이 되던 해, 선상기로 발탁되어 홀로 한양으로 떠난다. 지금으로 말하자면 전국 대표로 '캐스팅'이 된 것이다. 그녀는 궁궐에서 멀리 떨어지지 않은 사가私家에 살며 궁궐에서 내주는 말을 타고 출퇴근했으며 녹봉을 받았다. 춤과 노래, 악기 연주를 연마하며 하루하루를 전문 예술인이 되기 위해 살아갔다.

　　그러나 조선시대에 관기였던 여성—그것도 어린 소녀—은 객사에 들른 귀빈을 대접하기 위한 존재였으며, 관청 소속의 자유롭지 못한 신분이었다. 이러한 신분의 구속 때문에, 혹자는 교방의 동기들을 남자 어른을 위해 춤과 노래를 선보이는 수동적이고 비윤리적인 행위를 하는 존재로 바라볼 수 있으나, 이는 적합하지 않은 시선이다. 교방의 동기들은 가무와 시, 서, 화를 익힌 전문 예인藝人이었으며 이 일은 누군가를 위해 행해졌다기보다 그들 자신이 선택한 직업의 영역이며 자아실현의 한 방법이었다. 이 시기에 조선의 대부분의 여자 아이들이 얼굴도 모르는 남자와 혼인해 수동적인 삶을 살아간 것과는 대조적인 사실이다.

이후 최순이는 조선의 몰락과 함께 관기의 신분에서 벗어나 궁에서 나와 다시 고향으로 돌아간다. 관기 출신의 다른 기생들은 요리점에 취직하여 계속 춤과 노래를 선보이며 경제활동을 했다. 그러나 이와 달리 최순이는 궁중의 춤을 전수하기 위해 기생들이 스스로 그들의 권리를 주장하기 위해 만든 진주 기생조합에서부터 진주 권번에 이르기까지 그곳에서 제자들을 양성하는 진주검무의 스승으로 활약한다.

올해 2023년은 진주에서 천한 신분인 백정이 형평운동을 시작한 지 100년째 되는 해이기도 하다. 백정은 형평운동을 통해 그 신분이 해방되었다. 그러나 천민 신분인 관기, 그들은 여전히 계급으로부터 자유롭지 않다. 그리고 유독 기생은 아직까지도 단순히 성性을 파는 이미지로만 인식한다. 우리는 조선시대 '관기'의 직업적 숭고함과 그들의 자주성을 부각해 섹슈얼한 이미지로서의 기생의 정체성을 재정의하고자 한다.

또한 그들의 자주적이고 헌신적이기까지 했던 관기로서의 삶과 생활에 주목한다. 남성을 위해 살았던 '도구'로서의 기생이 아닌, 높은 수준의 가무를 익혔던 '전문인' '예술인'으로서의 그녀들의 인생 말이다.

조선의 왕과 양반들이 향유했던 교방문화는 역사의 변화에 따라 사라져 갔다. 그러나 최순이는 이 문화가 대중들이 보고 즐길 수 있는 가치가 있는 것임을 알아보았는지 모른다. 진주검무가 국가무형문화재로 지정되는 과정에서 그녀는 자신을 앞세우기 보다 제자들에게 그 자리를 물려주고 진주교방의 가무가 그들을 통해 이어지기를 바랐다.

그녀는 삶을 마감하면서 생각했다. 화양연화花樣年華와 같이 화려한 삶을 사는 꿈을 꾸었지만, 그 꿈이 헛된 꿈이었음을. 결국 나의 몸과 삶은 문화를 연결하는 하나의 씨앗이었고, 이름 모를 풀꽃처럼 피고 지며 생명을 이어가는 전달자였음을….

먼 훗날 나의 마음을 알아주는 이가 있으리라. 그 사람이 바로 나였을까.

일러두기

최순이의 생전 구술에 따르면 14세 때 궁중으로 뽑혀갔다고 하나, 1905년은 시기상으로
궁중에서 진연이 시행되지 않을 때다. 우리는 최순이가 더 어린 나이에 궁에 갔을 것으로
짐작할 뿐이다. 따라서 최순이의 출생연도는 오차가 있을 수 있음을 밝혀 둔다.
이 글은 최순이에 대한 기록과 제자들의 구술, 고종실록과 의궤, 진주시의 행사 자료 등
공신력 있는 사료를 바탕으로 고증하여 사실과 가깝게 집필했다.

1장___춤, 운명의 시작

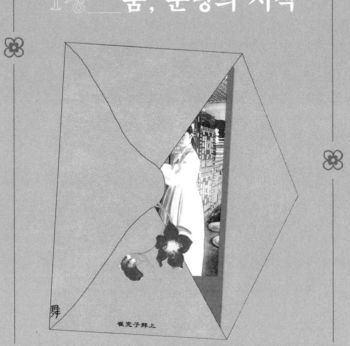

崔完子拜上

1969년, 최순이라는 여성이 숨을 거두기 직전이다. 그녀의 곁에는 몇몇 기생들만이 자리를 지키고 있을 뿐이다. 최순이는 1892년에 태어나 생을 마감할 때까지 가족이 없었다. 옷장에 걸린 화려한 의상들이 과거 그녀의 행적을 말해 줄 뿐이다.

문갑 안 서랍장 안에는 몇 장의 사진이 있었다. 그러나 제자들조차 그 유품을 챙길 여력이 없었다. 자신들이 그동안 해왔던 일이 결코 자랑스럽다고 여기지 않았다. 더군다나 기생의 일상과 자료가 기록과 역사가 된다는 것을 그때는 미처 알지 못했다. 그렇게 최순이는 마지막을 쓸쓸하게 맞이하였다. 진주에서 태어난 그녀는 다시 씨앗이 되어 흙으로 돌아갔다.

그녀는 어떤 기생이었을까? 춤과 노래를 익히고 술 접대를 하던 '기생'이었을까?

우리는 열세 살의 나이로 궁에서 녹봉을 받던 전문인 최순이를 만나기 위한 긴 여정을 떠나보려 한다.

양반 아버지, 천민 어머니

"지금으로부터 65년 전 궁중에서 연희하던 검무를 진주 관아에 있는 교방에서 습득한 후 구한말 고종 황제 재위 시에 서울에 선상되어 어전御前에서 연희한 바 있는 당시 교방자제教坊子弟였던 최순이崔子가 생존해 있어서 과거 궁중을 토대로 전래한 검무의 형태가 완전히 전수되어 원형의 기법을 재현할 수 있는 것"

- '진주검무 중요무형문화재 지정에 관한 이유' 중에서

최순이는 1892년에 진주 봉곡동에서 태어났다. 그녀의 어머니는 관기 즉 천민이었고 아버지는 최 씨 성을 가진 양반

이었다. 최순이는 관기인 어머니의 신분을 따라 관습적으로 천민 신분이 되었다. 1894년 갑오개혁으로 천민신분은 사라졌으나 관기제도는 1907년까지 유지되었다.

최순이가 교방에 입학을 했다면 최순이의 어머니는 관아에 소속된 관기 신분이었다는 것이 가장 합리적이다. 최순이 어머니가 양인의 자식을 낳았다 하더라도 최순이는 어머니의 신분을 따라 천민이 된다. 이것은 조선시대 양인의 숫자가 증가하는 것을 방지하기 위해서였다. 그러나 기생이 사대부가의 자식을 낳을 경우에는 그 자식은 비슷한 연령대의 노비를 대신 들이고 신분을 면하기도 했다. 아주 드물지만 최순이 집안이 몰락한 양반가이거나 죄를 지은 집안일 경우 천민으로 전락했을 경우가 있을 수 있다.

분명한 것은 최순이는 1892년 진주의 최씨 성을 가진 양반가의 아버지에게서 태어났다는 것이다. 최순이 어머니 신분은 두 가지 가능성이 있다. 최순이 어머니가 양반가의 신분으로 정식적인 혼인 관계를 유지했을 경우이다. 그런데도 최순이가 관기가 되었다면 집안이 몰락하여 스스로 관기가 되었을 가능성이다. 천민이었던 관기가 면천免賤이 되는 길은 양반가의 첩실이 되는 경우이다. 이 경우 관기가 낳은 딸은 굳이 기생의 길을 가지 않아도 되었다. 최순이 어머니는 최씨 집안의 첩실이 되지 않고, 양반가의 혼외자로 최순이를 낳았다. 그렇기에 최순이는 종모법을 따라 교방의 동기로 입학한 것이다.

교방에 동기로 입적하는 것은 자매나 사촌을 따라 함께 기녀가 되기도 했다. 즉 스스로 교방의 화려한 춤과 노래의 매력에 이끌려 기녀가 된 경우이다. 진주목의 교방에서는 부족한 관기의 숫자를 필요에 따라 모집했는데, 이 시기에 자진하여 관기가 되기도 했다.

최순이에 대한 인물 자료나 사진이 남아 있지 않은 상태에서 미약하지만 최순이의 생김새와 외형을 상상해 보았다. 그나마 다행인 것은 그녀의 제자들이 최순이에 대한 성품과 외모에 대한 기억을 조금이나마 구술로 남겼다. 제자들의 기억과 최순이 행적 그리고 춤에 대한 느낌을 종합하여 몽타주를 그려보기로 했다.

최순이 얼굴은 전형적인 한국형 미인에 가까운 계란형의 아주 작은 얼굴형을 지니고 있었다. 눈매는 그리 크지 않은 보통의 크기로 아주 선한 눈빛을 발산했다. 어깨는 작고 아담했으나 큰 키를 지니고 있었다. 계란형의 작은 얼굴은 앞가르마를 탄 쪽진 머리 스타일에 가장 잘 어울리는 유형이다. 한복의 저고리는 어깨가 넓지 않고 작은 체형에 어울리는 옷이다. 어깨가 각이 지거나 넓은 체구는 한복 저고리의 맵시가 드러나지 않는다. 게다가 약간 큰 키는 풍성한 한복 치마를 더욱 더 돋보이게 하는 체형이다. 최순이는 조선시대 전형적인 미인에 가깝다.

최순이의 제자들은 모두 최순이를 '점잖은' 사람으로 기억했다. 그것은 겉치장에도 절대 속일 수 없는 최순이의 '선한 눈매'에 다 드러난다. 최순이는 천성적으로 남을 시기하거나 비방하는 것과는 거리가 멀고 성품이 유순했다. 최순이는 진주 봉곡동 마을 또래 여자아이들 중에서도 눈에 띄었다. 이러한 최순이의 외향은 고 강순금신관용류 가야금 보유자이 전해주었다. 강순금은 최순이가 나이 들어 작고하기 직전에 얼굴을 볼 수 있었다. 1969년 최순이가 생의 막바지에 이르렀는데도 젊었을 때 외모를 짐작할 수 있었다고 한다.

다시 최순이의 어린 시절로 돌아가 보자. 여느 어린이와 마찬가지로 최순이는 그 시절 누구나 경험하는 평범한 여자 어린이들과 같은 일상을 맞이하고 있었다. 봉곡동의 골목은 초가집이 즐비해 있었다. 초가집 사이 사이로 아낙들은 연자방아를 찧고 있었다. 그 옆에는 동생을 포대기에 업고 방아를 찧는 어머니를 하염없이 바라보는 최순이의 친구도 있었다.

최순이는 동생이 없었고 외동이었다. 최순이의 복식은 또래 여자아이들과 같은 형식을 갖추고 있었으나 그 맵시와 모양새가 남달랐다. 형편이 좋지 않았던 구한말 옷감을 재단할 때 다음 해까지 입을 수 있도록 넉넉하도록 품을 맞추는 것이 일반적이었다. 옷의 실용성과 활용성을 따지는 시기였기에 몸에 맞는 감각적 맵시는 상상도 못하던 시절이었다. 그러나 최순이는 검정색 물을 들인 무명치마에 몸에 딱 떨어지게 맞춘 흰저고리를 입었다. 원체 타고난 키와 외모가 남다른 덕분이기도 하지만 머리를 길게 땋아 댕기를 묶은 뒷모습에서 최순이 어머니의 타고난 감각과 딸에 대한 애정이 느껴지기도 한다.

최순이의 어머니는 어여쁜 딸의 모습에서 한없는 사랑과 함께 머지않아 교방에 입학하게 될 딸의 미래에 대한 걱정이 함께 교차되고 있었다. 조선시대 교방의 기생이 된다는 것은 사회의 온갖 편견과 불편한 시선을 안고 살아야 함을 잘 알고 있었기 때문이다. 그렇기에 봉곡동 골목골목을 누비며 천진하게 놀고 있는 딸의 모습이 더 사랑스럽고 애처롭게 느껴졌다.

최순이는 어린 시절을 근대 봉건제도가 무너지기 시작하고 고종의 국권이 약해져 국운이 다해가고 있던 시기에 진주에서 보내고 있었다. 한바탕 농민항쟁과 의병운동으로 인한 혼란이 지나간 뒤 겉으로는 평화로운 일상이었다. 어린 최순이로써는 그러한 시대의 소용돌이를 크게 감지하지는 못했다.

조선의 종합 예술 교육 기관, 교방

　　최순이가 8세가 되었을 무렵 진주 교방에서는
7~9세의 어린 동기童妓를 모집한다는 공문을 관내에 붙였다.
교방에 입학하고 학습하는 동안에 그곳에서 연습하는 아이들
은 '동기'라고 불렸다. 동기는 일종의 '연습생'이라고 볼 수
있다. 최순이의 어머니는 딸을 교방에 입학시켜야 한다는 것
을 알고 있었지만, 막상 관아에 붙은 입학 소집 방을 보고는
내심 마음이 착잡해졌다. 언젠가는 교방으로 입학할 것이라
는 것은 짐작하고 있었을 터다.

　교방은 어떤 곳인가? 교방教坊의 어원은 무엇인가를 가르치
는 구역, 동네, 집의 다의적 뜻을 포함하고 있다. 교방은 교
육적인 기능을 하는 곳이다. 교육의 내용은 가歌·무舞·악樂의
예술교육을 우선으로 한다. 인문적인 교양의 내용으로 시와
서화도 교육했다. 이러한 교육을 다 마치고 연향에 나갈 수
있는 자격이 되는 기녀를 '관기官妓'라 불렀다.

　교방의 관기는 조선시대 나라의 공식적인 절차에 의해 기
생으로 선발되어 기적妓籍에 이름을 올린 기생을 말한다. 일종
의 공인된 예술가인 셈이다. 그렇기에 관기가 행하는 모든 예
술활동은 공적인 업무의 일부분이었다. 즉 의식이 필요한 행
사인 '연향宴享'에 나가 가무악을 실연하는 것이다.

그렇다면 관기는 무엇이며 기생과 어떻게 다른가? 우리나라의 공식적인 관기 제도는 고려시대 만들어졌으나 1907년 폐지되었다. 1894년 갑오개혁이라는 시대적 전환점을 통해 일본은 조선의 내정을 사사건건 간섭하기에 이른다. 일본이 행한 조선의 문화말살 정책 중 하나가 교방의 관기를 해체한 일이다. 갑오개혁으로 공식적인 신분제도는 없어졌으나 천민 신분이었던 관기는 관습적으로 그 역할을 하고 있었다.

　　　　　최순이는 어머니의 재능을 물려받아서인지 흥얼거리면서 노래하며 춤추기를 좋아했다. 노래를 부를 때도 몸에 리듬을 타며 움직이는 것이 박자에 대한 감각이 타고났다. 봉곡동 마을 어른들은 최순이가 나타나면 '아이고 우리 예뻐 왔구나, 노래 한번 불러 봐라' 하시며 기어이 재주를 보고 싶어 하셨다. 교방에서는 외모가 출중하고 재주가 뛰어난 여자아이들만을 소집했다. 최순이가 교방에 입학한 것은 너무나 자연스러운 일이었지만, 누구나 교방에 입학할 수는 없었다.

　조선시대 진주 교방에 대한 최초의 기록은 『진양지』에 나타나 있다. 진양지에 의하면 교방은 객사 건물에 부속된 건물로 기록되어 있다.

> 객관客舘은 비봉산 아래 고경리古京里에 있다. 상대청은 동헌과
> 서헌이 있는데 각각 상방이 있다. 중대청은 동쪽과 서쪽에 각
> 각 낭청방郎廳房이 있고, 서랑청西郎廳 앞에는 교방이 있다. 대문은
> 세칸三間인데 중대청 앞에 있다.[1]

진주의 고경리古京里는 객사의 북쪽에 위치한 마을이다.『진
양지』에 '동쪽으로는 옥봉玉峯마을이고, 서쪽으로는 대안리大安
里가 있다.'[2]고 했다. 조선시대 객사의 위치는 옥봉동의 서쪽
에 있었다. 그리고 객사의 중대청 건물 중에서 서랑청 앞에
교방이 있었다. 그런데『진양지』는 부사桴楂 성여신成汝信,
1546~1632이 편찬한 경상도 진주 목읍지로 17세기의 진주 교방
의 위치를 말하고 있다.

19세기 진주성도에 그려진 교방의 위치는 17세기와 조금
다른 위치이다.

「진주성도」는 18~19세기경 그려진 지도로 추정된다. 이
지도에는 진주목사가 거주하는 보장헌保障軒을 둘러싼 담장
아래 가옥들이 즐비해 있다. 오른쪽 보장헌 대문을 나서서
남쪽 큰 대로를 내려가면 바로 관노들이 기거하는 관노청官奴
廳이 있다. 관노청 아래 네 칸의 가옥으로 이루어진 백화원百花

院이 있다. 백화원은 백 가지 꽃이 있는 공간이란 뜻으로 교
방을 말한다.

　목사가 집무하는 본부 건물 아래 '백화원'으로 표기된 위치
가 전쟁박물관 지도에는 '기방'으로 표기되어 있다. 그리고
기방 위의 관노청은 노방奴房으로 바뀌었다. 기방은 3칸의 가
옥으로 된 건물이다. '교방', '기방', '백화원' 모두 진주 관아
의 관기를 양성하는 곳이다. 17세기 교방은 객사와 가까운
위치에 있었다면 19세기에는 목사의 집무처 근처로 옮겨온
것이다.

　　　　　　조선시대 교방에서 학습을 끝낸 관기들은 민
가에 사가私家를 마련하여 교방으로 출퇴근했다. 지방 관아에
서는 많은 수의 관기들을 수용할 공간이 부족했다. 관아에
성대한 연향이 열리거나 객사에 사신이 방문할 경우 관기들
은 교방에 나가 미리 연습을 했다. 그래서 교방 가까운 근처
에 집을 마련하여 오갈 수 있도록 했던 것이다. 교방의 동기
모습을 묘사한 내용이 한재락의 『녹파잡기』에 잘 묘사되어
있다. 한재락의 정확한 생몰연대는 확인되지 않지만 신위申緯.
1769~1845등과 교유했으며, 한재락은 개성 한량으로 1820년

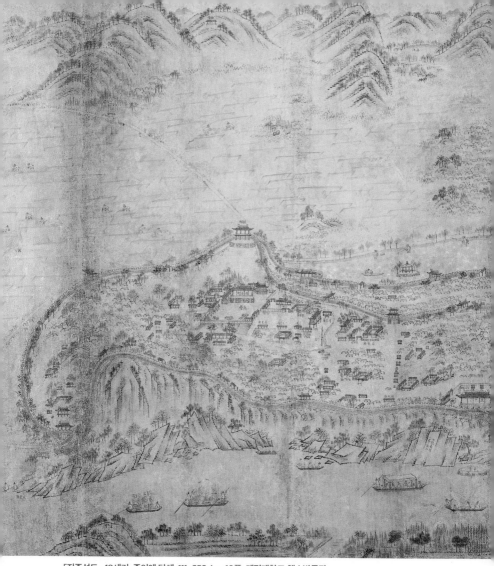

「진주성도」, 19세기, 종이에 담채, 111×356.4㎝, 10폭, 계명대학교 행소박물관.
19세기 진주성 내외의 지리적 형세와 풍광을 담았다. 북쪽 진주목사가 집무하는 본부 건물 아래 교방,
기방, 백화원은 모두 진주 관아의 관기를 양성하는 곳이다.

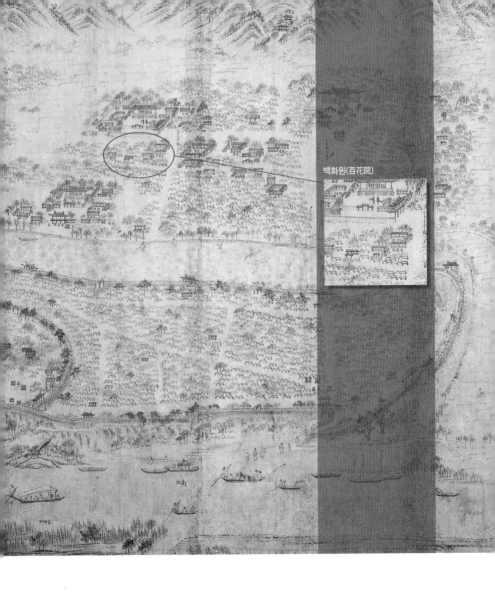

백화원(百花院)

江南

대 평양기생 66명을 상대로 삶과 예술을 면담하여 책에 서술했다. 한재락이 만났던 기생 중에 15세의 '채운彩雲'이란 동기가 있었다.

채운은 허리가 간들간들하여 마치 봄철의 수양버들 같다.
나이가 거의 열다섯이 되었는데 여전히 땋은 머리를 드리우고 있다.[3]

교방의 채운이란 기생은 15세가 되었음에도 아직 동기에서 벗어나지 않은 것이다. 교방의 학습이 끝난 동기는 당연히 가관을 하고 머리를 올려 쪽을 지어야 하겠지만 여전히 머리를 땋아 댕기머리를 했다는 기록이다.

진주 교방에 소속된 동기의 숫자는 대략 얼마나 되었을까? 최순이가 교방에 입학하기 30여 년 전인 1868년 진주 교방에는 꽤 많은 기녀들이 소속되어 있었다. 교방에서 '의암별제'*라는 논개의 제사에 300여 명에 달하는 기녀가 참가했기 때문이다. 이 숫자는 교방에 속하지 않더라도 관내에 있던 모든 기생들을 소집했을 가능성이 많다.

---

* 논개의 사당을 세우고 매년 6월 중 길일을 택해 제향을 올리도록 한 행사. 가무악을 갖춘 국내 유일의 여성 제례 행사이다.

최순이는 9살에 교방에 입학했는데, 앞으로 7~8년 동안 가무를 익혀야 했다. 교방에서 숙식을 하며 행수기녀로부터 생활에 대한 모든 것을 익혀 나갔다. 최순이를 지도하는 기녀는 30세가 넘은 '행수기생'이었다. 행수기생은 어린 동기로부터 시작하여 진주 교방의 춤과 노래를 모두 익힌 실력 있는 관기였다. 동기들의 숙소는 한방에서 2~3명씩 배정되었다. 아침에 일어나면 얼굴보다 먼저 머리 손질을 하도록 교육받았다. 머리는 참빗으로 곱게 빗어서 정수리부터 앞가르마를 탄다. 그런데 어린 최순이는 얼굴의 콧날에서 반을 가르는 일직선의 가르마를 타기가 여간 어려운 것이 아니었다. 그래서 선배 기녀들에게 가르마를 똑바로 타는 법을 물어보기도 했다. 잘 빗어서 가르마를 만든 다음에는 머리를 뒤로 땋아서 댕기로 묶어야 한다. 교방에 입학하기 전에는 늘상 어머니가 예쁜 머리를 땋아 주었지만, 이제는 혼자서 머리를 손질해야만 한다. 처음에는 머리카락이 엉성하게 삐져나오기도 했지만 며칠 동안 연습한 끝에 가지런히 땋은 머리를 만들 수 있었다. 머리 손질이 끝나면 속옷을 갖춰 입는다.

교방의 행수기생은 항상 속옷을 잘 갖추어 입어야 한다고 당부했다. 한복 치마 안에 입는 옷의 갯수가 5~6가지에 이른다. 치마 안에 단속곳, 속속곳, 다리속곳, 너른바지 등 여러 가지가 있었다. 동기들은 이 모두를 갖춰 입지는 않지만 기본적으로 단속곳과 허리치마인 속치마를 입었다. 동기들은 초록색 치마에 노란색으로 물들인 저고리를 입었다. 머리부터 발끝까지 차림새를 단정히 한 후에야 대청마루가 있는 넓은 방으로 연습하러 들어간다.

큰 가옥이 네 칸으로 이루어진 교방 건물은 노래를 익히는 방과 악기방, 춤의 보법을 익히는 방으로 나누어져 있었다. 오전에는 주로 노래를 하거나 악기 연주를 배우는 시간이다. 오후에는 교방에서 정해진 춤의 종목을 하나씩 배운다.

행수기생 위에는 '도상都上'이라는 총괄 책임자가 있어 교방 기녀들의 관리와 연향에 필요한 일정을 감독했다. 이외에도 이미 관기로써 공역을 다 마친 노기老妓들도 있었다. 노기들은 큰 행사가 있을 때만 나와서 교방의 소일거리를 도왔다. 교방에는 관기들의 의상을 준비하고 음식을 마련해주는 관비官婢가 따로 있었으나, 큰 행사에는 노기들의 오래된 경험과 손길을 필요로 했다.

교방에는 최순이가 예술을 익히는 데만 집중하도록 모든 공간과 시간을 제공해 주었다. 제일 처음 배우는 것은 악기다. 최순이가 선택한 악기는 양금이었다. 대부분의 동기들은 가야금을 선택했지만 최순이는 남들이 많이 하지 않는 양금을 배웠다.

악기를 어느 정도 배우고 나면 다음으로 춤과 노래를 배우

―― 生 妓 ノ 物 名 州 晋 ――

진주 기생들이 악기를 연습하고 있는 모습이다.

도록 했다. 그러나 악기 연주가 향상되지 않은 기생은 한 가
지 기예만 익히도록 했다. 이렇게 지도를 하는 까닭은 궁중
의 진연進宴에 대비한 '선상기選上妓'를 배출하기 위함이다. 선
상기는 임금님 앞에서 가무를 할 수 있는 모든 교방 동기들
의 로망이었다. 최순이도 얼핏 선배 기녀로부터 선상기에 대
한 이야기를 전해 들을 수 있었다.

교방에서 선생님에게 학습 받는 모습은 어떤 모습이었을
까? '진주 명물 기생'이라는 제목이 붙은 사진 한 장이 있다.
이 사진 속의 기생들은 모두 쪽머리를 하고 있어 동기가 아

니다. 장고를 잡고 앉은 기생은 짐짓 나이가 어려 보이는데,
연주하는 기생들의 선생님으로 보인다. 유일한 남성 한 명은
거문고를 연주하고 있다. 왼쪽으로부터 6명의 기생은 가야금
을 잡고 포즈를 취한다. 맨 오른쪽에 앉아 있는 기생은 앉은
키가 훨씬 작아 어린 동기로 보인다. 어린 동기의 무릎 위에
올려놓은 악기는 양금이다. 전체적으로 거문고, 가야금, 양
금의 현악기 구성에 장구장단에 맞추어 연습하고 있는 모습
이다. 이러한 광경은 교방에서 흔하게 볼 수 있는 모습이다.

조선의 아티스트가 되다

　　춤과 노래, 시와 서화를 모두 겸비해야 했던 교
방의 동기들은 지금으로 치자면 아이돌 연습생쯤으로 볼 수
있겠다. 조선시대, 이 시대의 여자아이 중 어떤 분야이든 체
계적인 훈련을 받은 아이는 전무하다. 교방의 관기들은 그런
점에서 매우 특별하다.
　앞서 말했듯 선상기가 되어 궁중의 진연에 참가시키기 위
해 관기들을 체계적으로 키워내는 시스템이 있었다. 최순이
를 통해 조선의 소녀들은 어떤 교육방식으로 길러졌는지 보

기로 하자.

최순이는 매일 아침 대청이 있는 교방의 큰 건물에 올라가 연습했다. 사가에 있을 때 어머니가 국문을 조금씩 가르쳐 주었으나 숙달되지는 않았다. 9세가 되었을 때 '금보'라는 사람이 최순이에게 국문을 가르쳐 주었다. 교방에서 학습하는 노래집에는 국문과 한문을 같이 표기하여 두었다. 그래서 노래를 익히기 위해서는 틈틈이 한문 공부도 해야 했다.

교방에서 동기들의 교육을 담당한 것은 행수기생이었다. 행수기생의 지휘 아래 춤과 노래, 악기를 맡은 선생님들이 있었다. 진주 교방에서는 가끔씩 나이 든 기생인 노기들이 나와서 모든 과목을 점검했다. 그 이유는 아무리 탁월한 기량을 연마한 관기라 할지라도 일정한 시간이 지나면 제멋대로 하고자 하는 경향이 있기 때문이다. 이러한 습관으로 인해 어느 곳에서 춤을 추더라도 똑같은 군무를 연출할 수 있도록 노기들이 점검했다.

진주 관아에서 교방을 관할하는 곳은 호방戶房이었다. 호방의 호장은 도상을 뽑고 보고하여 결재를 받는 일을 담당했다. 도상의 임명은 호장이 고을 수령의 결재를 받아 임명하는 절차를 거쳐 이루어졌다. 호장은 독단으로 도상을 정하는 것이 아니라 자격을 갖춘 대상자 가운데 교방 기생들의 의견을 모아 그들의 신임을 받는 자를 선출하는 것을 원칙으로 했다. 호장이 교방의 공론을 모아 도상을 뽑았다는 것은 교방 소속 기생들이 신임하고 인정할 수 있는 자를 그들의 우두머리로 선출하여 교방의 관리 감독을 원활하게 하기 위함이다. 호장은 도상을 뽑고 난 뒤 그 내용을 기록하여 관아에 보고하는 문서를 만들고 결재를 받는 절차를 밟았다.[4]

결국 교방의 총책임자는 관기들에 의해 선출된 셈이다. 도상과 행수기, 관기, 동기는 체계적인 업무구조에 의해 교육이 이루어졌다. 그리고 행수기 아래에는 분야마다 선생님이 따로 있었다. 가령 춤 선생님, 가야금 선생님, 가곡 선생님 등 분야별 실력 있는 선배 관기들이 동기들을 지도했다.

최순이는 교방에서 가곡歌曲을 먼저 학습했다. 가곡 선생님은 교방의 연향이 있을 때 창사唱詞를 도맡아 했다. 가곡의 노랫말은 교방춤의 내용을 잘 전달하는 역할을 했다. 선생님은 동기들이 들어오기 전에 장단을 직접 치면서 목소리를 가다듬고 있었다. 가곡의 한마디를 부르는 것이다. 가곡은 시조시를 느리게 늘려서 부르는 노래인데, 최순이는 긴 호흡의 가곡 노랫말이 여간 답답한 것이 아니었다. 게다가 선생님은 목청을 떨어야 하는 법과 복식에서 나오는 소리를 목에서 가다듬어 아주 고운 소리를 내도록 했다. 아직 어린 최순이는 목에서 나오는 소리와 배에서 나오는 소리를 구분하지 못했지만, 선생님의 목소리만은 너무 청아하고 아름답게 느껴졌다. 게다가 이 가곡이라는 노래가 궁중의 임금님 앞에서 부르는 노래라고 하니 더 고상한 품격이 있어 보였다. 6월에 있을 논개의 제사에 올리는 가곡의 노랫말을 따라 불렀다.

무진년戊辰年 유월六月 이일二日에 단을 모아 분향하여
삼백 명 기녀들이 정성으로 치제致祭하니
논낭자論娘子 충혼의백忠魂義魄이 나리실가 하노라

의암별제가무의 상향악장 가사이다. 계면조界面調의 느낌으로 노래를 불러야 한다. 계면조는 슬픈 느낌을 담아 눈물을 흘려 얼굴에 경계가 생기는 것을 말한다. '무지~ㄴ 년 유월 이일~에' 겨우 두 단어를 노래하는데 열여섯 박을 꼬박 틀리지 않도록 세어야만 한다. 곧 숨이 다 되어 다음 낱말을 내뱉어야 할 것 같은데도 선생님의 장구 장단은 아직 열 박에 점을 찍고 있었다.

이외에도 가사歌詞라는 노래를 익히도록 했다. 권주가·춘면곡·처사가·양양가·상사별곡·매화타령·행군악·관동별곡이다. 아주 큰 넓이의 한지에 악곡을 나타내는 표와 가사를 적어두었다. 동기들이 앉아서 노래할 수 있도록 눈높이에 맞춘 악보 걸이를 맞추어 두었다. 가끔씩 가곡과 가사의 반주 음악을 맞추기 위해 대금과 피리를 부는 악공 선생님들이 오시기도 했다. 대금과 피리를 연주하는 악공들은 아주 유명한 선생님들이다. 조선통신사들이 일본으로 악공들을 데리고 갈 때 진주 삼현육각 팀을 구성해서 갔다 왔다고 했다. 사실 노래보다 악공 선생님들이 일본에 갔다온 이야기가 더 재미있었다. 일본의 대마도에 도착하기 전에 풍랑을 만나 구사일생으로 돌아온 이야기는 매우 흥미진진했다. 그래서 통신사행을 꺼리는 사람도 많다고 했다.

노래 연습을 한참 한 후에는 장구를 잡고 앉았다. 교방에는 동기들에게 맞는 작은 장구가 20개 준비되어 있었다. 장구 장단은 정악正樂과 민속악 장단 두 가지가 있었는데, 동기들은 민속장단부터 배웠다. 교방에서는 소위 민간 계층에서 유포되는 음악을 사용하고 연주하는 것을 금했다. 상령산, 세령산, 도드리, 타령, 양청, 장단을 열심히 익혔다. 다음으로 염불, 타령, 잦은 타령, 굿거리와 같은 춤의 반주에 사용되는 장단을 배웠다. 장구를 익히고 나면 교방고敎坊鼓와 같은 북은 손쉽게 칠 수 있는 실력이 된다.

굿거리 장단을 치는 법은 한두 가지가 아니었다. 굿거리 장단을 치는 타법은 다양했다. '덩 기덕 덩 더러러 쿵기덕 쿵 더러러' 선생님은 '더러러'하고 오른손의 장구채를 잡고 떠는 법을 가르쳐 주었다. 최대한 힘을 빼고 손목의 움직임으로 장구의 채편을 울려야 된다. 자진모리 장단은 굿거리 장단에 비해 비교적 쉽게 익힐 수 있었다. 장단의 빠르기도 빠르고 채편을 떠는 부분이 적기도 했기 때문이다. 최순이는 생각했다. '몇 날 며칠을 연습해야 선생님과 같은 소리를 낼 수 있을까?'

춤을 출 때는 제일 우선으로 장구 장단의 박자에 맞추어 움직여야 한다. 공연할 때 현악기들의 멜로디가 함께 어우러져 장구 장단이 잘 들리지 않거나 놓치는 경우가 종종 있다. 그래서 장구 장단은 익숙해지도록 귀에 익혀두어야 한다. 교방에서는 춤과 노래, 의식 등의 연주에 장구 장단이 기본으로 들어간다. 그래서 음악을 연주하거나 춤을 출 때 장구 장단을 빨리 파악할 수 있는 '장단 귀'가 트여야 한다고 늘 선생님들이 강조했다.

악기는 가야금, 해금, 비파, 대쟁, 아쟁, 퉁소, 대금, 피리, 태평소 등이 있었다. 가야금과 피리, 해금 등을 접할 기회는 있었다. 그러나 악기를 다루게 되면 한 종류의 악기를 습득하는 데 기본 3~4년 이상 시간이 걸려 섣불리 선택할 수가 없었다. 무엇보다 얼굴과 외모가 출중한 동기들은 악기보다는 춤을 추는 무기舞妓로 선택되었다.

칼 한 쌍과의 운명적인 만남

10세가 되는 어느 여름 행수기생은 최순이에게

39

노래보다는 춤을 더 집중적으로 연습하라고 했다. 무용을 연습하는 방으로 들어가니 선생님은 통제영 12공방*에서 새로 맞추어온 칼 한 쌍을 직접 건네주었다. 운명의 시작이었다. 양손에 칼을 먼저 잡고 칼을 돌리는 법을 익히도록 했다.

양손에 칼을 잡는데 엄지와 검지에만 힘을 주고 나머지 손가락에는 거의 힘을 빼야만 한다. 그리고는 손목에 힘을 빼고 칼을 '찰랑찰랑' 소리가 나도록 돌려야 한다. 손목에 힘을 주어서는 여간해서 칼 목에 매달린 장식의 소리가 들리지 않는다. 최순이는 하루이틀 연습을 했지만 쉽사리 찰랑대는 소리가 나지 않았다. 선생님은 너무도 자연스럽게 칼을 돌리고 있었다. 자세히 관찰하려고 했지만 칼날이 워낙 빠르게 돌아가는터라 어떻게 움직이는지 도무지 알 수가 없었다. 게다가 한두 번 시범을 보고는 혼자서 연습해야만 했다. 칼을 움직이는 법을 일주일간 연습했다. 양팔을 위로 올려 칼을 움직이는 윗사위, 비스듬히 옆으로 뻗어서 칼을 돌리는 옆사위, 양팔을 나란히 좌우로 뻗어 돌리는 양칼사위이다.

다음으로 칼을 땅에 놓고 맨손으로 춤추는 법을 익혔다. 손가락을 모두 붙여서 손바닥이 나뭇잎 모양이 되도록 만들

---

* 통제영에는 군수품, 조정의 진공품, 사신의 헌상품을 조달하는 12개의 공방이 있었다. 칼은 야장방에서 만들었다.

었다. 손이 나뭇잎 모양 같아서 '잎춤사위'라 한다고 선생님
이 말씀하셨다. 다섯 손가락을 모은 한 손은 이마 위에서 또
다른 한손은 가슴 앞에서 가볍게 튕긴다. 일명 '깍지떼기'이
다. 활쏘기를 할 때 손가락에 깍지를 끼고 활 시위를 잡아당
기는 모양새와 비슷하다. 단 허리를 뒤로 많이 젖혀야 하므
로 동작이 유연해야만 매끄러운 곡선을 유지할 수 있었다.
선생님은 숨을 들이쉴 때 손바닥을 올리고 숨을 내쉴 때 굴
신을 하면서 다시 손바닥을 내리라고 가르쳤다. 그냥 손바닥
만 움직이고 호흡이 제대로 되지 않으면 호통을 쳤다. 손가
락에 힘을 너무 많이 준 것일까?

   "나뭇잎이 남강 물에 둥둥 떠다니는 모양을 만들거라. 여러
  개의 나뭇잎이 쉬지 않고 계속 계속 떠내려 가도록 말이야"

   나뭇잎이 떠내려가는 것을 볼려면 족히 가을까지는 기다려
야 할 것이다. 이 손 모양을 선배 언니들은 '낙엽사위'라고도
한다고 했다.
   칼사위를 익힌 다음에는 두 명이 마주 보고 호흡을 맞춰 대
형을 만들고 발동작을 익혀야 한다. 마지막에는 칼을 휘두르
며 매우 빠른 속도로 원을 그리며 돌아가는 연습을 해야한
다. 칼을 겨드랑이에 끼고 한번 돌고, 칼 하나를 휘두르며 한

평양 기생학교 소녀들. 12세 전후의 소녀들이 입학하여 시, 서, 화, 가무 등을 익혔다.

번 돌고, 쌍칼을 휘두르며 한번 돌고, 칼을 찌르며 한번 도는 연습을 한다.

이렇게 연습이 끝나면 어린 동기들도 공연에 나갈 수 있었다. 진주 교방에서 검무는 4명이 짝을 맞추어 공연을 했다. 2명의 소기小妓는 융복戎服을 착용한다. 융복은 치마, 저고리에 쾌자를 착용하고 머리에는 전립이라는 모자를 쓴 형태이다. 동기 2명은 황색 저고리를 입고 머리를 길게 땋아 늘어뜨리고 전립은 쓰지 않았다. 선생님은 검무의 복식이 치마만 바지로 바꿔 입으면 전투에 나갈 수 있는 복장이라고 일러주었다.

다음은 포구락을 익히는 연습시간이다. 포구락은 주로 노기老妓들이 교방에 나와서 가르쳤다. 소기小妓 3쌍과, 동기童妓 2쌍으로 춤을 추는 사람과 노래를 부르는 사람 모두 10명이다. 포구락은 주로 관아의 동헌東軒에서 시연되었다. 진주 관아에 외부 손님이 방문했을 때 넓은 마당 가운데 구멍이 뚫린 포구문을 먼저 설치했다. 포구문을 사이에 두고 좌우로 기녀들이 늘어선다. '풍류안風流眼'이라 불리는 구멍에 공을 명중하여 넣으면 상으로 머리에 꽃을 받고, 명중하지 못하면 뺨에 먹을 적신 붓으로 점을 찍는다. 이렇게 벌칙을 주는 붓과 벼루는 노기들이 담당했다. 연습시간에도 공을 명중하지 못하여 얼굴에 붓으로 그림을 그리게 되면 한바탕 웃음바다가 된다. 따라서 최순이를 비롯한 동기들은 풍류안에 공을 넣기 위해 안간힘을 다했다.

이 외에 진주 교방에서 학습한 춤은 고무鼓舞·육화대六花隊·연화대蓮花臺·헌반도獻蟠桃·아박무牙拍舞·향발무響鈸舞가 있었다. 이는 궁중의 연향에서 필요한 춤의 내용으로 진주 교방에서도 미리 익혀두어야 했다.

최순이는 교방에서 숙식을 했지만 성장한 관기들은 사가私家에 자신의 집을 두고 교방의 행사가 있을 때 출·퇴근을 하기도 했다. 주로 교방 근처에 집을 마련했다. 1829년 즈음 평양 기생 일지색一枝色도 사가의 집을 두고 있었다.

"일지색은 대동강이 내려다보이는 작은 누각에 산다. 배를 타고 누각 아래를 지나다가 비취빛 기와에 담황색 주렴이 푸른 물결 위에 그림자를 드리운 풍경이 눈에 들어왔다. 누구 집인지는 모르겠으나 분홍빛 소매를 한 여인이 난간 굽이에 기대 있었다. 함께 배를 탄 기생들이 부채를 들어 멀리 가리키며 말했다. "여기가 바로 일지색이 사는 곳이랍니다!""[5]

진주목 관아에서는 해마다 '의암별제'를 큰 행사로 지정하여 교방에서 연습하도록 지시했다. 교방에서도 '논개'를 매우 큰 스승으로 여겼다. 따라서 어린 동기에서 나이 많은 노기에 이르기까지 몇 달 전부터 연습에 임했다. 최순이가 입학할 즈음에도 의암별제에 필요한 가곡과 가사, 춤을 어린 동기에게 필수적인 과목으로 연습하도록 했다.

조선의 아이돌 연습생들의 연향

진주 교방에서는 학습 중인 동기도 연향에 나갈 수 있었다. 관찰사가 근무하던 진주 관아에 공식적으로 열리는 연향이 많았기 때문이다. 그래서 행수기생은 연습할 때부터 동기들이 작품 구성에 들어갈 수 있도록 연습시켰다. 춤과 노래에 재주가 빼어난 최순이도 동기 시절 연향에 참가했을 것이다.

진주 교방에서는 관아에 특별한 손님이 방문하면 환영의 의미로 연향을 열었다. 연향에는 잔치 음식이 한 상 가득 차려지고, 관기들의 춤과 노래의 공연을 선보였다. 진주 관아의 연향은 주로 촉석루나 객사의 대청마루에서 이루어졌다. 촉석루는 수령이 근무하는 관청과 가까운 진주성 안에 있었고, 남강을 바라다보이는 경관이 수려했기 때문이다.

당시 진주 교방의 관기들의 생활을 생생하게 기록한 기록이 남아 있다. 조지 포크George Clayton Foulk, 1856~1893는 1884년 5월 조선에 미국 공사관으로 파견되었다. 포크는 조선의 여러 지역을 다니며 현장을 기록했는데, 그 중에 교방의 관기들에 대한 내용이 있다. 포크는 '복구福久'라는 한자 이름을 사용하며 정수일집사, 전양묵통역, 고인수전령 3명의 조선인과 함께 동행했다. 우리는 이 기록으로 그때 당시 진주에서 열린 연향의 자세한 모습을 확인할 수 있었다.

포크 일행은 1884년 11월 25일 진주에 도착하여 기생들의 만수무강 노래를 들을 수 있었다. 진주에 도착하여 아름다운 대나무숲과 계곡을 지나 진주 병마절도사가 있는 진주성에 도착했다. 진주성의 북쪽 벽을 따라 걸어 올라가 진주목의

아사衙舍에 도착했다. 포크 일행은 관아의 영문에서 조금 떨어진 객사로 안내되었다.[6]

조선시대 객사客舍는 임금을 상징하는 나무로 만든 전패殿牌를 안치하고 초하루와 보름에 달을 보며 임금이 계신 대궐을 향해 절을 올리는 장소였다. 객사의 중요한 기능 중 하나는 사신이나 지방관이 머물던 숙소 역할이다. 객사에 사신이 머무는 동안 대개는 교방의 관기들이 연향을 베푸는 것이 상례였다. 포크 일행이 진주 영문에 5시 34분에 도착하여 객사로 이동할 때는 저녁 식사 시간이 되어 바로 식사가 대접되었다. 포크 일행이 낮에 도착했다면 관기들의 가무를 충분히 베풀어 주었을 것이다.

먼저 약주와 함께 떡 따위의 전채요리가 나왔다. 한 무리의 여자들내 짐작에 참모들이 나를 위한 방을 만들기 위해 숙소 바깥에 나와 있었다. 방들은 천장이 높고 평소보다 많은 돗자리와 병풍, 훌륭한 촛대 따위가 잘 마련돼 있었다. 간단히 말해서 가구들은 서울을 벗어나 조선 어디에서 봤던 것보다 더 좋았다.[7]

객사에는 손님을 위한 음식 접대와 숙소도 마련되어 있었다. 그리고 저녁 밥상이 나오기 전에 전채요리로 먹을 수 있는 술과 떡을 내왔다. 포크가 '한 무리의 여자들'이라고 표현한 사람들은 객사의 관비나 여자 종을 말하는 것 같다. 이들은 포크가 묵을 객사의 침소를 정리하고 있었던 게다. 침소에 마련된 돗자리, 병풍, 촛대와 같은 가구들이 조선에서 보았던 것 중에 최고라고 하는 것을 보아 진주 객사의 규모와 수준을 짐작하게 하는 대목이다.

이제 본격적으로 저녁 식사가 차려져 나왔다. 튀긴 쇠고기, 닭고기, 구운 죽순, 무국, 삶은 달걀 따위가 차려진 밥이 나왔다. 모든 것이 잘 차려진 밥상에 압도적인 크기의 밥이 올려졌다.[8] 알렌은 자신이 먹은 죽순 요리를 '구운 죽순'이라 했다. 『규합총서』에 죽순나물은 '죽순을 얇게 저며 썰어 끓는 물에 데쳐 담갔다가 쇠고기, 꿩고기, 표고버섯, 석이버섯을 채 썰어 갖은 양념하여 죽순과 재료를 섞어 팬에 기름을 두르고 밀가루를 약간 넣어 볶아 낸다'[9]고 했다. 죽순과 각종 재료를 기름에 볶아내었기 때문에 구운 것이라 했던 것 같다. '튀긴 쇠고기'는 소고기 육전을 표현한 것 같다.

늦은 저녁 10시에 두 명의 노래하는 기생이 객사에 보내졌다. 처음에 미국인 포크를 본 기생들은 방에 숨어버리고 말았다. 조선시대 미국인을, 진주에서 흔하게 볼 수 있는 광경은 아니었으리라! 결국 포크가 사진, 거울 따위를 보여 주고 친근하게 하자 편안해졌다. 포크의 숙소에 들어온 기생 한 명은 19살, 다른 한 명은 20살이었다.

그런데 이 기생들은 모두 때가 묻은 옷을 입었고 손이 더러웠다. 그들은 무릎을 끌어안고 바닥에 앉았다. 절을 한다거나 인사말을 하는 등의 예절을 차리지는 않았다. 일반적인 기생 같았다. 이 소녀들의 행동이 당돌해 좀 특이했다.

포크는 진주 기생의 행동거지를 보고 일반적인 기생임을 금방 알아차렸다. 한국 방문에서 관례적으로 기생들을 많이 보았음을 짐작케 한다. 그런데 왜 때 묻은 옷을 입었는지 의아한 지점이다. 그것도 외국인 관리를 위해 진주 영문에서 특별히 노래 잘하는 기생을 보냈을 터인데 말이다. 조지 포크를 위해 기생들이 부른 노래는 다음의 두 곡이다.

"남산은 만세요
북악은 만만세이고
한강은 만세 만세 만만세라
우리 선하신 왕께서 다스리는 동안
모든 백성은 평화와 행복을 누리리라."[10]

"놀아라 놀아라 젊어서 놀아라.
늙어지면 못논다.
붉은 장미는 열흘을 붉지 못하고

달도 차면 기운다

인생은 하룻밤의 꿈일 뿐이다.[11]

진주 기생들이 부른 노래는 흔히 말하는 민요이다. 두 번째 부른 노래는 근대 이후 '노랫가락 차차차'라는 가요로 불려 애창된 노래이다. 한국인이라면 "노세 노세 젊어서 놀아" 이와 같은 노랫가락 정도는 다 흥얼거리게 되는 대중가요이다. 날이 밝은 낮에 포크 일행이 도착했다면 악사들의 반주악기에 맞춰 교방 관기들이 추는 춤을 보았을 터인데 무척 아쉽다.

그런데 진주에 오기 전 포크 일행은 1884년 11월 10일에 전주에서 하루 동안 머무는 동안 전주 감영에서 베푸는 기생들의 춤을 보았다.

곧 관아선화당의 커다란 대청으로 연결된 방문이 열리고 키가 큰 6명의 토속 악단이 툇마루에 자리 잡은 모습이 보였다. 어마어마한 가체를 머리 위에 올린 화려한 옷을 입은 나이 든중년의 여자들이 들어왔다. 한 명이 두 개의 나무패로 손뼉을 치듯 소리를 내자 네 명의 소녀가 어여쁘게 차려입고 열을 지어 뒤편에서 천천히 들어왔다. 각각 10인치25cm 높이에 적어도 18인치46cm 넓이의 머리카락 뭉치를 머리 위에 쌓아올려 그 무게 때문데 고개를 똑바로 들 수 없을 지경이었다.

두 명은 녹색 치마를, 한 명은 어두운, 다른 한 명은 연한 푸른색 치마를 입었다. 치마는 길고 풍성했으며 뒤로 질질 끌렸다. 그리고 치맛단을 팔 아래 몸통까지 바짝 올려 묶었다. 치마 위로는 노란색 비단 겉옷을 입었다. 앞뒤 두 부분으로 나뉘었다. 빨강, 파랑, 녹색, 노랑, 그리고 하얀색의 띠로 이루어진 곧고 넓은 소매가 달렸다. 길고 축 늘어진 노리개와 두꺼운 붉은 끈들로 몸을 두르고 있었다.[12]

연향은 감영의 대청마루에서 이루어졌다. 대청마루 양옆에는 방이 있어 대기하고 있던 악공 6명이 연주하기 위해 마루 아래 툇마루에 자리를 잡았다. 여러 명의 기녀들이 대청마루에 등장했는데, 모두 머리에 무거운 가채를 얹고 나왔다. 그 중에 한명이 '나무패로 손뼉을 치듯 소리를' 낸 것은 나무로 만든 아박을 연주한 것이다. 아박은 음악 연주가 시작되기 전에 준비의 신호로 한번 치게 된다. 이 신호에 맞춰 대기하고 있는 춤추는 관기들이 입장하는 모습을 그린 것이다. 입장한 기녀는 모두 4명으로 치마 색깔이 각각 다른 것을 착용했다. 녹색치마 두 벌, 연한 푸른색 치마, 어두운 색 그리고 치마 위에 입은 몽두리의 색상이 빨강, 파랑, 녹색, 노랑으로 이루어져 있었다. 그리고 '하얀색의 띠로 이루어진 곧고 넓은 소매'는 손에 끼는 한삼을 착용한 것이다. 붉은 끈으로 가슴에 두른 전대까지 아주 상세하게 묘사했다. 이러한 복식을 한 기녀들이 어떤 춤을 추는지에 대한 내용도 또한 구체적이다. 바로 '무고舞鼓' 즉 북춤을 기록한 것이다.

소녀들은 무척 어렸다. 16~17세가 채 되지 않은 것 같았다. 악단이 기묘한 음악을 시작하자 뻣뻣하게 팔을 내민 채 천천히 미끄러지며 몸을 돌리는 동작으로 춤을 추기 시작했다. 마루 한가운데는 노랑, 파랑, 그리고 하얀색 비단 띠로 장식된 커다란 북이 놓였다. 그 주변으로 무용수가 움직였다. 얼마간 한줄로 움직이다가 다시 짝을 이뤄 마주보다가 등을 졌다. 그러더기 사각형으로 움직였다. 빨간 술이 달린 북채 네 쌍이 바닥에 줄지어 놓였다. 얼마 후 소녀들이 줄을 이뤄 북채 앞으로 천천히 다가와 자세를 바꾸다가 손에 주워들었다. 시간이 지남에 따라 그들은 북 앞에 달했고 다시 느린 동작으로 북 주변을 움직였다. 그러더니 곧 함께 북을 치기 시작했다. 매우 천천히 미끄러지는 듯한 춤 동작은 30분 계속되었다.[13]

춤을 추는 기생의 나이는 16~17세 정도로 어려보인다고 했는데, 이 나이가 관기로써 가장 활동을 많이 할 수 있는 연령대이다.

마루 가운데 놓인 동그란 북은 사각 기둥으로 만든 나무틀 위에 얹혀져 있고, 북틀은 노랑, 파랑, 흰색 띠로 장식된 비단천으로 둘러져 있다. 본격적으로 북을 치기 전에는 한줄로 서서 움직인다. 다시 두 명씩 짝을 맞추어 마주보다가 등을 지기도 한다. 이제 바닥에 놓인 북채를 4쌍을 집어들어 북 앞으로 춤추며 움직인다. 그리고 빠른 동작으로 북의 사방을 돌면서 북을 치는 춤사위를 이어간다. 북을 치는 춤사위가 끝나면 다시 느린 동작으로 춤을 마무리하는데 모두 30분이 소요되었다.

포크는 전주 감영의 기생이 추는 무고를 보고 "지금까지 본 그 어떤 장면보다도 더 동양적이고 원시적 색채를 띠고 있었다."고 했다.[14]

조선시대 교방이 있었던 지역 중에서 호남지역은 전주가, 영남지역은 진주가 대표적이다. 포크는 영·호남을 대표하는 지역의 교방문화를 잠시나마 참관했던 것이다. 전주에서는 하루 동안의 시간이 있었기에 감영에서 공식적으로 베푸는 연회를 다 관람할 수 있었다. 그러나 진주는 너무 늦은 밤 시간에 도착하여 촉석루 연회를 보여주지 못한 것 같다.

포크의 기록을 통해 조선시대에는 여성—그것도 어린 소녀—들이 객사에 들른 귀빈을 대접하기 위한 용도로 이용되었다는 사실을 알 수 있다. 혹자는 교방의 동기들이 남자 어른을 위해 춤과 노래를 선보이는 수동적이고 비윤리적인 행위를 하는 존재라 볼 수 있으나, 이는 적합하지 않은 시선이다. 동기들은 가무와 악기를 익힌 전문가들이었으며 이 일은 누군가를 위해 행해졌다기보다 그들 자신이 선택한 직업의 영역이며 자아실현의 한 방법이었던 것이다. 이는 다른 조선의 여자아이들이 이 시기에 대부분 얼굴도 모르는 남자와 혼인했다는 사실을 비추어 보자면 더욱 도드라지는 사실이다.

최순이 궁으로 들어가다

최순이는 여느 때처럼 교방에서 연향을 베푸는 나날을 보내고 있었다. 그날도 최순이는 뛰어난 기량을 뽐내며 연향에서 춤을 선보였다. 그런데 밖이 떠들썩했다. 조정에서 지역 관아로 공문이 하달되어 온 것이다. 교방의 기녀 중에서 가장 실력 있는 자를 궁으로 올려보내라는 내용이었다. 드디어 때가 온 것이다. 침착하고 차분한 성격이었던 최순이는 표정을 드러내지 않았다. 그러나 속으로 생각했다. '이젠 내 차례가 온 것이지.' 그녀는 이미 궁으로 올라갈 마음의 준비를 하고 있었는지 모른다.

궁으로 올라가는 기녀를 '선상기選上妓'라 한다. 진주 교방에서도 임금님 앞에서 춤을 추는 선상기를 뽑을 시점이 된 것이다. 검무와 교방의 춤을 익힌 최순이는 진주 교방의 선상기가 될 자격이 충분했다.

관찰사가 주최하는 연향에 참가하고 온 어느날 행수기생은 최순이를 따로 불렀다. "순이가 교방에 입적한 지도 꽤 되었는데 너의 기명妓名이 없구나. 오늘 연향에 참가한 진사 어른께서 너에게 어울리는 이름을 주었다. '계향桂香'이다."

계향이라는 기명을 받은 다음날 최순이는 선상기를 발탁하는 경연에 참가했다. 선상기는 궁의 큰 잔치가 있을 때 가무를 하는 재능있는 기녀를 교방에서 뽑아 올리는 것이다. 그렇기에 선상기를 뽑는 일은 교방에서도 매우 신중한 일이었다. 선상기로 뽑힐 수 있는 자격은 교방에서 인물이 탁월해야 하지만, 무엇보다 가무의 실력이 우수해야만 된다. 오늘날로 치자면 지역에서 춤 실력을 뽐내던 친구들이 최고의 기획사 아이돌 연습생으로 뽑혀 데뷔하는 것이나 마찬가지다. 교방의 동기로 입학한 학생이라면 누구나 선상기가 되기를 원했다. 궁중의 임금님 앞에 나아가 노래와 춤을 출 수 있는 자리가 주어지는 것이었다.

진주 교방에는 최순이를 비롯한 동기들이 30~40명 있었다. 이번에는 특별히 춤에 소질이 있는 선상기를 모집한다고 했다. 교방의 선생님들은 항상 버선을 신은 발을 바닥에 내어 디딜 때 묵직하고 끈적끈적한 중압감이 들 정도로 연습시켰다. 교방의 동기가 되지 않았다면 또래의 아이들과 숨이 차도록 뛰어노는 자유분방한 호흡이 자연스러웠을 것이다. 그러나 교방의 춤과 노래는 호흡을 고르고 골라, 차분하고 묵직하면서도 정제된 몸의 자세를 유지해야만 했다. 교방에서는 모든 동기들에게 같은 교육을 했지만 누구나 다 쉽게 따라할 수는 없었다. 행수기는 그녀에게 노래보다 춤을 더 연습하게 했다. 교방에서 배운 많은 춤 중에서 '검무'는 최순이의 몸집과 재능에 딱 어울리는 종목이었다. 경연이 열리는 날 시험관은 교방의 도상, 행수기생 그리고 음률과 풍류에 조예가 깊은 지역 유지를 모시고 왔다. 시험 볼 때 필요한 악사들도 대기하고 있었다. 경연 종목은 검무와 포구락, 그리고 장구 장단이었다. 검무는 부분 동작을 시험 보았다. 동기들 중에 시험에 참가할 자격은 6명에게 주어졌다. 6명에게는 각기 다른 미션을 주었다. 혹 앞의 기생이 하는 동작을 보고 따라 할 수도 있기 때문이었다.

　최순이에게는 검무의 '연풍대' 동작을 하라고 지시했다. 중심을 잘 잡고 빠르게 회전동작을 했다. 그리고 포구락에서는 채구를 잡고 포구문의 구멍풍류안에 공을 넣는 동작을 해보라고 했다. 악사 선생님의 장단에 맞추어 포구문을 한 바퀴 돌고 공을 넣는 춤사위를 마무리 했다. 진주에서 단 한 명만 뽑는 선상기 시험에 최순이는 동기보다 우수한 성적을 받고 발탁되었다.

드디어 선상기로 진주를 떠나 한양으로 가는 날이다. 그녀의 나이는 고작 열세 살이었다. 교방의 동기들은 부러움 반 걱정 반의 얼굴로 최순이를 마중했다. 무엇보다 최순이의 어머니는 흐르는 눈물을 꾹꾹 참아가며 의연하게 딸을 대하고 있었다. 그러나 이런 우려와 다르게 최순이는 다짐하고 있었다.

나는 성공하기 위해 한양에 가는 것이야. 궁중에 들어가면 훌륭하신 선생님들에게 더 많은 춤과 노래를 배우게 될 거야. 그리고 일생에 한 번 볼 수도 없었던 임금님 앞에서 춤을 출 수 있는 기회를 갖게 되는 것이다.

이런 다짐을 한 최순이는 설레고 가슴이 막 뛰었다. 이러한 결심의 뒤편에는 천민 신분의 관기였던 어머니의 처지를 항상 보아왔던 터라 궁으로 들어가게 된다면 신분이 바뀔 수 있는 기회를 만들 수 있다고 생각했다. 그녀 나이 고작 열세 살이었다. 소녀 최순이는 무슨 마음이었을까. 고작 열세 살의 나이에 부모와 헤어져 궁으로 가게 된 그녀. 어린 나이답지 않게 의젓했던 그녀는 부모와 헤어짐에도 의연한 모습을 보였을 것이다. 최순이는 열세 살의 어린 나이로 궁에 들어간다는 것이 꿈만 같았다. 그러나 그 시대 모든 소녀들이 그랬듯, 한 번도 진주를 벗어나 본 적이 없는 최순이였다. 이런 착잡한 마음을 아는 듯 행수기생은 최순이에게 말했다. '걱정하지 말거라 아무리 뛰어난 선상기들이 궁에 모인다 할지라도 흔들리지 말고 해야될 일만 생각하거라. 하나도 떨릴 것이 없느니라.' 행수기는 평소 살갑지는 않았지만 범접할 수 없는 기운이 느껴졌다. 최순이 그녀의 강인함은 행수기를 닮았는지도 모른다. 진주 교방의 행수기는 궁중으로 들어가는 최순이를 위해 함께 직접 한성부까지 동행했다.

드디어 한성의 사대문 안으로 들어갔다. 최순이 일행이 한성부에 도착하자 장악원의 전악典樂이 마중을 나와서 궁중으로 안내했다. 극진한 대접이었다. 최순이는 꿈에 몇 번을 상상해 보던 임금님이 있는 궁에 도착하여 궁궐의 구석구석을 구경했다. 고종이 당분간 덕수궁에 계시기 때문에 최순이는 덕수궁으로 들어갔다. 장악원의 전악은 궁궐 안의 이곳저곳 위치를 알려주고 주의사항도 빠뜨리지 않고 알려주었다.

궁궐 안의 각 처소는 나인들과 궁녀들이 거처하는 곳이 정해져 있었고, 지방에서 올라온 선상기들을 모두 수용할 수가 없었다. 따라서 궁 밖의 장악원과 가까운 곳에 최순이의 임시거처를 마련해 주었다. 흔히들 지방에서 올라온 선상기들을 위한 사가私家를 궁중에서 제공해 준 것이다. 그녀 나이 열세 살에 홀로 살집을 궁 밖에 얻은 셈이다. 일종의 하숙집이었던 셈이다. 선상기가 임시로 묵는 집에서는 5~6명의 기녀들이 잠을 잘 수 있는 방과 간단한 식사도 준비해 주어야만 했다. 따라서 몇 개월 분의 땔감과 쌀 등의 식품을 궁에서 받아 생활했다. 이 사가에서는 선상기들에게 숙식을 제공하였으며, 잡일을 도와줄 사람도 제공받았다. 최순이는 장악원 근처 민가에서 장악원으로 출퇴근했다. 직장인이나 다름없는 생활이었다. 오전에 나가 연습을 마치면 오후 5시가 되어야 숙소로 돌아오는 생활이 이어졌다. 그렇게 한 달 동안 최순이는 외로움을 느낄 새도 없이 시간 가는 줄 모르고 새로운 춤과 노래를 익히는 데에만 집중했다. 교방에서 익혔던 춤의 순서는 궁중의 예법에 따라 모두 새로이 연습해야만 했다. 낮에는 장악원을 오가며 간간이 서울 구경도 하니 하루하루가 새로운 날들의 연속이었다. 그러나 밤이 되어 숙소로 돌아와 자리에 누우면 고향 생각과 어머니에 대한 그리움이 물밀듯이 찾아왔다. 그 순간만큼은 아무리 당찬 최순이 일지라도 열세 살 소녀일 뿐이었다. 밤마다 눈물로 베갯잇을 적시던 최순이. 그러나 다시 진주로 내려갈 수는 없는 노릇이었다. 최순이는 눈물을 삼키며 기필코 고향에 내려갈 때는 성공한 모습으로 내려갈 것이라고 다짐했다.

❖

　　　고종의 진연을 위해 전국에서 80명의 기생을 선발했다. 이 중에서 서울에 있는 기녀가 50명, 평양의 기생이 10명이었다. 나머지는 지방의 기생이었다. 평양기생 10여 명이 먼저 상경하여 있던 상태이다. 진주에서는 최순이 혼자만이 선상기로 뽑혀 올라갔다.

　평양기생들은 모두 자색이 뛰어나서 확연히 눈에 띄었다. 이 중에 2명은 최순이와 나이가 같았고, 나머지는 한두 살 정도 많았다. 평양의 선상기들은 조선 최고의 기생이라는 자부심이 대단했다. 평양 교방은 궁중의 선상기를 가장 많이 배출한 지역이다. 평양은 중국을 오고가는 사신들을 위한 연향을 위해 조선 최고의 관기들을 양성하던 곳이었다.

　궁중의 진연도감청에서는 선상기들의 교육을 장악원의 전악典樂에게 맡겼다. 장악원에서는 한꺼번에 많은 인원을 관리할 수가 없었다. 따라서 장악원 근처 임시 숙소를 마련해 주고 순차적으로 필요한 인원만 교육했다.

　진주에서 홀로 상경한 최순이는 평양기생들과 함께 교육받았다. 숙소도 같은 곳을 사용하게 되었다. 평양기생 중 두 명

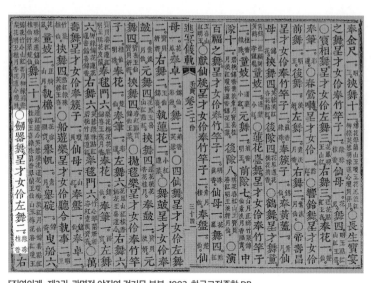

『진연의궤』 제3권, 관명전 야진연 검기무 부분, 1902, 한국고전종합 DB.
가장 왼쪽 줄 가운데부터 '검기무여령좌무이'라고 적혀 있고, 그 아래 녹주와 계향이라는 이름이 보인다. 검기무를 추는 여령 중 왼쪽 여령이 녹주와 계향이라는 설명이다. 이 사료를 통해 계향(최순이)이 진연에 참가했음을 알 수 있다.

은 최순이와 나이가 같았고 나머지는 한두 살 많았다. 최순이와 동기인 기생은 '난주'와 '명선'이었다. 셋은 같은 방을 사용하게 되었다. 진주를 떠나 궁중에 들어간다는 부푼 꿈을 안고 상경했지만, 현실은 너무나 달랐다. 매일 궁중에서 생활하며 여러 곳곳을 누비고 다닐 것이라 생각했다. 그러나 궁에는 중요한 연습이 있는 날 자리를 익히기 위해 연습을 하러 몇 번 갈 뿐이었다. 매일같이 숙소와 장악원을 출퇴근하는 일상이 반복되었다. 평양에서 온 난주는 자신의 이름을 말할 때 성을 밝히지 않고 교방에서 부르는 기명을 소개했다. 최순이도 선상기로 뽑히기 전에 받은 기명 '계향'으로 자신을 소개했다. 드디어 장악원의 첫 연습이 있는 날이다. 장악원 전악 선생님이 들어오셔서 이번 진연의 의주儀註를 읽어주시면서 춤을 추게 될 종목을 일러주셨다.

봉래의鳳來儀·헌선도獻仙桃·몽금척夢金尺·연백복지무演百福之舞·수연장壽延長·제수창帝壽昌·무고舞鼓·가인전목단佳人剪牧丹·경풍도慶豊圖·사선무四仙舞·춘앵전春鶯囀·학무鶴舞·연화대무蓮花臺舞·향령무響鈴舞·육화대六花隊·만수무萬壽舞·장생보연지무長生寶宴之舞·포구락抛毬樂·선유락船遊樂·검기무劍器舞

무려 20가지에 이르는 춤을 추게 된다고 한다. 이중 최순이는 봉래의·포구락·검기무에 출연하게 되었다. 봉래의는 진주 교방에서는 연습하지 않던 종목이다.

평양의 기생들과 최순이는 먼저 포구락을 연습했다. 포구락은 최순이가 진주 교방에서도 연습했던 것이라 순서는 알고 있었다. 그런데 장악원 선생님께서 지도해주시는 내용과 절차가 조금 달랐다.

춤이야 어느 정도 자신이 있었지만 평양의 선상기들은 어딘지 모르는 여유로움과 세련미가 묻어 나오는 듯했다. 최순

「통명전진찬도」, 『무신진찬도』 8폭 병풍, 백은배 등 7인, 1848, 비단에 채색, 국립중앙박물관.
1848년에 거행된 진찬 내용을 그린 병풍의 세부다. 여령 정재로 포구락을 추고 있는 모습이다.

이의 눈에 난주와 명선이 연습복으로 입고 온 옷은 맵시가 묻어 나오고, 치마의 볼륨감마저도 더 풍성해 보였다. 반면, 최순이는 어머니가 마련해 주신 가장 좋은 연습 치마를 입고 나왔지만 평양 친구들 것에 비해 영 초라하게 느껴졌다. 연습을 하기도 전에 기가 죽으면 안된다고 생각하여 최순이는 한 번 더 다짐했다. 진주 교방에서 배웅하던 어머니와 부러움의 눈빛으로 쳐다보던 동기들을 생각하니 마음이 굳건해졌다.

평양 기생들은 포구락의 순서를 모두 외우고 있는 듯했다. 평양의 난주와 명선은 어리둥절해 하는 최순이에게 친절하게 가르쳐 주었다. 춤의 시작을 알리는 아박牙拍을 치면 긴 죽간자를 든 2명이 등장하게 된다. 엎드려서 색실로 만든 공인 채구를 집어들고 동그란 포구문 안에 던져 넣는 연습을 했다.

연습을 하는 내내 눈에 힘을 주고 정신을 아랫배에 힘을 주고 또박또박 발디딤을 했다.

포구락이 어느 정도 익숙해지자 검무 수업도 시작했다. 궁궐의 검무는 수백 년 이어온 춤의 정수라 최순이가 진주에서 사사받은 것과는 차이가 있었을 것이다. 최순이는 선상기 제도를 통해 정식으로 춤의 정수를 전수받게 된 것이다. 궁에서는 검무를 '검기무'라 했고 칼의 모양이 진주 교방의 것과 차이가 있었다. 진주로 돌아온 과거의 선상기들에게서 내려온 진주검무의 원형은 최순이 같은 어린 관기들을 통해 유지되고 있었던 것이다.

✽ 선상기選上妓제도

선상기 제도는 『경국대전』에 명시되어 있다. 선상기는 3년마다 여러 고을의 관비官婢 중에서 나이 어린 기녀를 뽑았다. 교방의 관기는 신분은 천민에 해당하는 관비에 속했다. 선상기는 궁중의 진연과 같은 큰 잔치가 있을 때 지방 교방의 관기 중에서 차출한다. 진연이 열리기 수 개월 전에 궁으로 올라가 연습을 거친 뒤 진연에 참가한다. 진연이 끝나면 선상기는 다시 자신이 속한 관아로 되돌아가야한다.

❖

때는 1900년대 초반 궁중 궁내부 소속의 장례원에서 선상기를 모집한다는 공문을 각 도로 내려보냈다. 앞으로 다가올 궁중의 큰 잔치를 위해 임시기구로 진연청進宴廳을 설치했다. 궁중에서는 연회를 위한 부서를 따로 두어 운영할만큼 연회는 중요한 행사였다. '당상堂上'과 '낭청郎廳'이라는 벼슬도 두어 선상기들을 관리하도록 했다. 각 지방에서 올라온 선상기들은 모두 당상들이 관리했다.

당시 선상기들을 관리하는 곳은 '장례원'이었지만 오랫동안 장악원掌樂院이라는 이름으로 불렸다. 장악원에는 혜민서의 의녀나 상의원 소속의 침선비 중에서도 가무를 할 수 있는 여령女伶으로 준비시켰다. 선상기는 몇 달씩 숙식해야 하는데, 부족한 공간을 해결하기 위해 궁 밖의 사가에 임시거처를 마련하기도 했다.

장악원의 선상기에 대한 배려는 그 당시 여성에 대한 대우를 생각하면 파격적이었다. 1504년 장악원 제조 이계동, 임숭재는 지방의 기녀가 서울에 상경했을 때 처우 개선에 대해 왕에게 청했다. 그 내용은 밖의 사가에 임시거처를 마련한 기녀를 위해 집주인은 잡일을 도울 수 있는 인력을 보충해 달라는 것이었다. 선상기는 가무를 익히기 위해 장악원으로 출근했다. 온종일 가무를 익히는 데 시간을 보내므로 의녀에 준하는 급료도 받았다. 기녀의 의복은 정해진 숫자가 있는데, 만일 비가 와 길이 진흙탕이 되면 의복이 상할 수가 있었다. 이러한 불편함을 위해 선상기들은 말을 타고 다닐 수 있도록 했다.[15] 이는 지방에서 올라온 선상기들에게 가무에만 전념할 수 있도록 최대한 배려한 처사이다. 최순이가 상경했을 당시 궁중의 사정은 예전보다 좋은 편은 아니었다. 그래도 지방의 사정과는 비교할 수 없었다.

이능화李能和, 1869~1943가 고종 말년에 지역별 선상기를 조사

「동래부사접왜사도」, 미상, 18세기, 국립중앙박물관.
말을 탄 기녀들은 모두 4대를 이루고 있다. 1대에 있는 기녀 2명은 쪽머리에 댕기를 길게 드리운 모습
이고, 2, 3대에 있는 기녀들은 어여머리에 전립을 쓰고 치마 위에 흰색 옷인 말군을 입었다. 치마 위에
말군을 입어 치마가 말려 올라가지 않도록 했다. 뒤쪽에 트임이 있고 발목을 묶은 일종의 승마바지다.

한 것에 따르면 '국가 경사의 잔치를 하는데 뽑혀온 선상기
중에서 평양기생이 가장 많았고, 진주·대구·해주가 그다음
이었다. 한번 잔치를 치르고 나면 상품을 후하게 주었다. 그
때문에 기녀들이 기일에 앞서 서울에 도착하여 입선되기를
다투어가며 청했다. 잔치를 여러 번 경험한 기녀들은 2·3품
관리의 봉급에 하사품을 받아서 금옥권자金玉圈子[16]와 비녀가
머리 위에 휘황했다.'[17]고 했다. 선상기에 대한 대우는 일반
관기보다 파격적이었다.

이렇게 지방에서 올라온 선상기들은 장악원에서 연습하게 되는데, 장악원은 궁 밖에 있었다. 장악원 터는 현재 서울시 중구 을지로 2가 181번지 하나은행 본점 앞이다. 음악을 관장한다는 뜻의 장악원은 조선 후기 최대의 유흥가 청계천 광통교를 사이에 두고 미술을 관장하는 도화서와 나란히 마주보고 있었다. 관아의 크기와 구성원, 영향력은 다른 관아를 압도할 정도였고 전성기 한때 1,141명의 구성원을 가진 조선 최대 규모의 관아였다.

장악원 소속의 악공들은 정기적 혹은 부정기적으로 연습 시간을 정해 놓았다. 정기적인 연습은 매달 2자와 6자가 들어가는 날, 즉 2일과 6일, 12일과 같이 한 달이면 6회를 연습하는 셈이다. 하지만 이륙좌기二六坐起, 혹은 이륙회二六會와 같은 이름으로 불렀다.[18] 하지만 악공들의 정기적인 연습으로 춤을 익히는 여령들의 연습 시간은 턱없이 부족하다.

대한제국 시기 1901년광무 5 진찬을 위해 이루어진 연습은 모두 다섯 차례였다. 4월 19일·21일·23일·28일, 5월 2일이다.[19] 이와 같은 연습은 진찬에 소요되는 모든 의례와 가무악을 함께 연습한 것이다. 따라서 정재呈才*를 하는 선상기들의 연습은 정확히 알 수는 없다. 그러나 지방 교방에서 상경

---

* 궁중연향에서 왕에게 최고의 예로 올리는 춤과 노래

한 선상기들은 진연의 내용에 따라 새로운 종목도 익혀야 하기 때문에 연습이 상당 시간 더 필요할 수 있다. 따라서 춤과 음악, 의례와 같이 각자 맡은 부분적인 연습 시간은 별도이고 모두 모여서 전체 연습은 날짜를 지정해서 한 것이다.

장악원에서 선상기의 가무를 담당한 사람은 '제조提調'와 '전악典樂'이라는 직함을 가진 사람이었다. 장악원 제조 아래에는 전악이라는 정正6품의 사람이 음악과 악기, 무용까지 지도했다. 일종의 음악감독과 연출의 업무를 맡은 셈이다. 지방 교방에서는 행수기나 노기들이 지도한 것과 대조적이다. 궁중의 진연은 춤과 음악만 단독으로 공연하는 것이 아니기 때문이다. 궁중의 중요한 의식 속에서 하나의 절차로 춤과 음악이 포함되어 있었다. 따라서 의식 전체를 아우르고 총괄하는 사람이 춤과 노래도 지도했다.

선상기들의 교육은 2월에서 4월까지 1차 교육을 하고, 8월부터 10월까지 2차로 집중 교육을 받았다. 선상기들은 현금·가야금·향비파·장고·아쟁·해금·필률·대금·소금 등의 악기를 우선으로 배웠다. 악기에 능한 자는 다른 기예, 즉 가무와 가곡 등을 익히도록 했다. 그러나 악기가 능하지 못한 자는 한 가지 기예만 익히도록 했다. 기예가 향상되지 않으면 그 스승을 벌했고 더 이상 궁중에 머무를 수가 없었다.[20]

　　　　　　　❖

　　　　　1897년 조선왕조는 '조선'이라는 국호를 내
리고 '대한제국'이라는 국명과 함께 고종도 황제라는 신분으
로 변하는 대격변을 맞이하게 된다. 갑신정변으로 일본은 사
사건건 내정을 간섭했고, 심지어 궁중의 진연을 개최하는 것
도 몇 차례 눈치를 보며 무산되기 일쑤였다. 갑오개혁으로
조정에는 개화파 관리들이 입성하면서, 궁중의 잦은 진연과
연회에 대한 비판의 목소리를 내기도 했다. 이리저리 안팎으
로 눈치를 볼 수밖에 없는 것이 고종의 입장이었다. 그렇지
만 몇백 년 동안 이어온 궁중의 의례와 문화를 하루아침에
없앨 수는 없는 노릇이었다. 그것은 비교 불가능한 조선의
품격이자 우수한 문화 자부심이었다.
　　최순이를 비롯한 선상기들의 부푼 꿈과는 대조적으로 사실
상 조선왕조는 과거의 성대한 진연을 차릴 수가 없는 형편이
되었다. 가무를 공연할 수 있는 무대가 줄어든 것이다. 그런
데 1966년 최순이의 생전 구술에 의하면 '14세에 진연도감
청에 뽑혀 올라가서 장악원에서 연습을 거친 후 고종 황제
앞에서 춤을 추었다'고 했다. 그런데 1892년생인 최순이가
14세가 되는 해는 1905년이 된다. 이 시기는 대한제국이 일
본의 내정간섭에 휘말리면서 국권이 위태위태하던 시기였다.

1902년까지 고종 황실의 연향은 근근이 개최되었으나 1904
년 무렵에는 궁중의 연향이 축소되거나 거의 사라지고 없었
다. 최순이가 74세의 나이에 구술했기에 연도의 차이는 발생
할 수 있다. 종합적으로 유추해 본다면 최순이는 궁의 진연
이 대규모로 개최되었던 1901년에서 1902년경에 궁으로 들
어간 것이 된다. 그렇게 된다면 최순이는 11세의 어린 동기
의 나이로 선상기에 뽑힌 것이 된다. 최순이는 1901년
~1902년 사이 열린 진연에 참가했을까? 1901년 고종황제
의 오순을 경축하는 진연은 모두 다섯 차례 열렸다. 1902년
에도 고종황제의 등극 40년과 보령 51세를 경축하는 11월에
진연이 모두 다섯 차례 있었고, 고종 임인년『진연의궤』에 전
한다. 최순이의 구술과 역사적 사실, 그리고 이왕직아악부에
서 아악생으로 있던 김천흥과의 만남에서 궁중 악사들의 이
름을 되새겨 봤을 때 그 명단이 일치하는 것 등으로 본다면
최순이는 1902년 진연에 참가했을 가능성이 가장 크다. 그
러나 궁중의 진연을 기록한 의궤 기록에는 최순이라는 이름
은 없다. 진연에 참가하는 선상기 명단에는 본명을 사용하지
않고 기명妓名을 사용했기 때문이다.『진연의궤』에 최순이라는
본명은 기록할 수 없었을 것이다. 최순이는 본명 대신 기명으
로 의궤에 기록이 남아 있을 것이다.

훗날 최순이가 진주로 내려왔을 때는 이미 지도자의 위치

에 있었기에 기명을 사용하지 않았다. 그리고 한일병합 이후에는 일본식 이름을 많이 사용하여 '완자完子'라는 예명을 사용했다. 이 의궤 기록에는 최순이의 이름이 보이지 않는다. 또 한 가지 사실은 궁중의 모든 진연 내용을 『의궤』로 기록하지는 않는다. 더군다나 대한제국 시기 어수선한 국정으로 인해 작은 연향은 의주로 기록하지 않았다. 이러한 정황은 『고종실록』에 1902년 이후에도 연향이 끝난 관계자들에게 임금이 선물을 내린 기록을 통해 알 수 있다.

1903년 『고종실록』에는 궁중에 연향이 있었음을 확인할 수 있다. 고종 40년 1월 29일에 고종이 중화전中和殿에 나아가 진하陳賀를 받았다. 같은 날, 황태자의 보령이 30세가 되는 것을 축하하여 기로연을 베풀었다. 4월 24일에는 진하 때의 각차비各差備에게 차등 있게 시상을 했다. 차비差備는 왕실의 잔치를 준비하는 기간 동안 특별히 주어진 임무를 의미하는 것으로 춤, 노래, 음식, 준비 등 각자의 역할을 말한다.

최순이가 1902년과 1903년 사이 궁중에 올라갔다면 잔치 어느 곳에서 춤을 춘 것으로 생각된다. 1902년 5월 31일에 덕수궁의 함녕전咸寧殿에서 내진연內進宴이 있었다. 이 연향의 의주는 기록되지 않았다.

궁중 잔치는 그 규모에 따라 진연進宴, 진찬進饌, 진하進賀로 나누어진다. 이 중에서 진연의 규모가 가장 성대한 것으로

『무신진찬도』, 8폭 병풍, 백은배 등 7인, 1848, 비단에 채색, 제5·6폭, 국립중앙박물관.
1848년 3월 17일 밤, 9~11시에 창경궁 통명전에서 열린 '야진찬'의 모습을 그린 도병이다.
화려한 진찬의 모습이 담겨있다. 검무를 추고 있는 4명의 여령들이 보인다. 연회가 밤에 열
렸으므로 전각 처마에 걸린 유리등과 연회장 곳곳에 놓은 촛대에 불이 밝혀져 있고 연회장
을 두른 발과 장막에도 청사초롱이 걸려있다.

72

1902년 5월에도 궁중의 내진연이 있었는데, 이에 대한 의궤가 없어 춤과 노래에 대한 정보를 알 수가 없다. 그런데 1902년 무렵 최순이가 궁으로 상경했을 내용을 뒷받침할 수 있는 신문자료가 있다.

八十名妓生 今次 進宴에 供用
ᄒᆞ기 爲ᄒᆞ야 平壤妓生十餘名이 爲先
上京홈은 已報ᄒᆞ얏거니와 今聞흔 則
宣川晉州妓生들도 日昨上京ᄒᆞ야 鄕
妓가 合三十名이오 京妓가 合五十名
이니 都合八十名이라더라

지금 팔십 명의 기생이 진연을 준비하기 위하여 평양 기생 10여 명이 먼저 상경함은 이미 알렸거니와 지금 들은 즉 선천, 진주 기생들도 어제 상경하여 향기鄕妓가 삼십 명이고 경기京妓가 오십 명이니 모두 팔십 명이라더라.[21]

위 기사에 의하면 1902년에 진연 준비를 위해 전국에서 80명의 선상기가 서울로 상경했음을 밝혔다. 그중에서 서울의 기녀가 50명이고 나머지 30명이 모두 지방에서 선상된 기녀들이다. 그중에서 진주 기생들도 올라갔다고 했다. 어쩌면 최순이가 그 무리 중에 포함되어 있지 않았을까? 이능화에 의하면 기일에 앞서 서울에 도착하여 입선되기를 다투어가며 청했다고 했는데, 이는 연습과 시험을 통해 엄격한 기준으로 선상기를 뽑았음을 의미한다. 실력이 향상되지 않은 기녀들은 다시 본 읍으로 돌려보내고 그 스승을 벌하던 관례도 있었다.

　1902년 4월 23일에서 25일까지 거행된 칭경 진연례를 위해 조정에서 공문을 보냈다. 4월의 진연을 위해 선천과 평안남도, 경상남도에서 정재에 필요한 선상기를 모집했다. 경상남도 관찰사에게는 6명의 여령을 보내라는 공문을 보냈고, 이에 3월 26일에 필요한 인원을 올려보냈다는 답신을 보냈다.[22] 1902년 경상남도 도청 소재지는 진주에 있었기에, 당연히 진주 관아지 내의 교방에서는 선상기를 낙점하여 올려보냈을 것이다. 1902년 4월 26일 황성신문 기사에 진연을 위해 상경한 지방 선상기 30명 중에 진주 기생도 포함되어 있다는 내용이 있다. 대개 선상기들은 진연이 열리기 수개월 전에 상경하여 연습을 거치게 된다. 1902년 상경한 선상기 중에 최순이가 포함되어 있다면 4월의 진연보다는 몇 달간의 연습을 거친 후에 참가했을 것이다.

장악원의 스승들

　　　　　　　　　최순이는 장악원 근처 민가에서
오가며 매일 춤과 노래를 연습했다. 궁중에 잔치가 열리면
언제라도 참가할 수 있도록 대비하기 위해서다. 최순이를 지
도했던 장악원의 스승들은 누구였을까? 1966년 진주검무를
국가무형문화재로 지정하기 위한 조사를 할 당시 최순이는
장악원의 악사명단을 기억하고 있었다. 그 기억은 최순이 혼
자만의 기억이 아니라 궁중 악사 출신이었던 고故 김천흥에
의해 증명되었다.

　최순이는 진주검무가 국가무형문화재로 지정되는 결정적
역할을 한 사람이다. 진주검무 중요무형문화재 조사보고서의
사유서에는 진주검무가 궁중 계열의 검무라는 설명이 있다.
즉 궁중에서 춤을 배운 사람이 진주에 전승을 하여 그 계통
이 궁중검무 계열이라는 것이다. 1966년 문화재청의 조사보
고서에서 '최순이는 진주 교방에 소속된 관기로써 진연도감
청에 뽑혀 올라갔고, 장악원에 연습을 했다. 연습을 마치고
고종 황제 앞에서 춤을 추었고, 당시 장악원 악사 명단을 또
렷이 기억하고 있었다.[23]고 기록되어 있다. 그렇다. 현재 전승
되고 있는 진주검무는 궁중 검무의 보법과 춤사위를 간직하
고 있다. 최순이에 의해 궁중검무의 흔적이 진주로 전파된 것
이다.

이왕직아악부 아악생이었던 김천흥은 '진주의 검무는 최순이가 고종 때 서울 진연에 올라와 춤을 춘 뒤 진주에 전하게 된 것'이라고 구술했다.[24] 이왕직아악부의 전악과 선생님들은 거의 대부분 장악원에 있었던 스승들이었다. 조선총독부는 조선왕조의 음악기관을 혁파하고 이왕직아악부를 대신 설립하여 궁중음악의 명맥을 유지하게 했다.

1894년고종 31 갑오개혁 때 중앙관제가 의정부와 궁내부宮內府로 개편되었다. 중앙관제의 개편에 따라서 예조禮曹에 소속되었던 장악원이 궁내부로 이속되었다. 그 후 고종이 1897년광무 1 국호를 대한大韓이라 고치고 연호를 광무光武로 정하여 황제로 등극했을 당시 장악원의 명칭이 교방사敎坊司로 바뀌었다. 대한제국의 교방사는 1907년 장악과掌樂課로 개칭되었다.[25] 그러나 관습적으로 궁중의 음악기관은 장악원으로 불리는 경우가 많았다.

한일병합경술국치 이후 일본은 우리의 궁중음악기관인 장악원의 명칭을 격하시켜 1915년 이왕직아악부李王職雅樂部라 변경했다. 1918년에 이왕직아악부에서는 아악생 양성 1기생 9명을 뽑았다. 김천흥은 1922년 가을 이왕직아악부 양성소 제2기생으로 입학했다. 김천흥은 아악부에서 궁중음악의 모든 장르를 섭렵했다. 이때 김천흥을 지도했던 아악부의 선생님들은 김영제, 함화진, 하규일이다.

김천흥은 『춤』, '생각나는 춤 人物', 1976년 12월호에서
자신을 가르쳤던 장악원 출신 선생님들을 회고했다. 장악원
의 스승들은 장악원이 폐지된 이후에도 이왕직아악부 양성소
에서 학생을 그대로 지도했다. 즉 최순이를 가르쳤던 장악원
스승은 그대로 이왕직아악부의 스승이 된 것이다. 직제가 바
뀐다고 하여 궁중의 음악과 춤을 지도할 능력을 아무나 갖출
수 있는 것은 아니었다.

김천흥을 지도했던 아악부의 스승들은 대한제국 장악원의
전악을 거쳐온 사람들이니 최순이가 보았던 악사와 일치하게
된다. 김영제金永濟. 1883~1954는 1897년고종 34 장례원掌禮院 전악典
樂을 거쳐 1900년 장악원의 전악을 역임했다. 김영제의 집안
은 세습적으로 가야금의 대가가 배출되었다. 김영제는 악기
연구의 조예가 깊어서 악서를 정리, 악서 편찬을 이룩했고 또
악보를 수습하고 악보 기록법 등을 개량시키고 발전시켰다.
김영제는 장악원의 전악으로써 악기와 악보의 정리는 물론
궁중춤을 지도했는데, 이는 그의 증조부인 김창하金昌河 옹이
안무한 것으로 그 가계의 영향을 받은 것이다. 김영제가 지
도한 궁중춤은 〈가인전목단〉, 〈춘앵전〉, 〈보상무〉, 〈장생보연
지무〉 등이다.[26]

김천흥은 김영제로부터 궁중춤 10여 가지를 지도받았다.
그중에서 처용무를 원전 그대로 분석하여 검토했고, 해방 후

A Korean Orchestra.

1910년의 궁중악사의 모습.

국립국악원에 전수하여 중요무형문화재 제39호로 지정하게
끔 했다. 처용무를 재현할 때 가면을 제작하려고 『악학궤범』
의 도면을 살펴보면서 직접 통나무를 깎아 그 모형을 만들었
다.

함화진咸和鎭. 1884~1948은 대대로 악사 집안 출신으로 증조부
윤옥潤玉은 순조·헌종 때의 악사를 역임했으며, 할아버지 제홍
濟弘은 헌종 때 단소와 젓대의 명수였고, 큰아버지 재홍在弘은
젓대, 아버지 재운在韻은 거문고의 대가였다. 이렇게 대대로
궁중 악사 집안에서 자란 함화진은 1900년 12월 궁내부 장
례원 가전악假典樂에 임명되어 1901년 전악典樂이 되었다. 악기

로는 가야금, 양금에 능숙하고 더욱 거문고에는 대가를 이루었다. 이뿐만 아니라 궁중춤을 지도했는데, 김천흥에게 춤의 내용을 세분해서 매우 자상하게 가르쳐 주었다고 한다.[27]

이수경李壽卿. 1882~1955은 1892년 장악원에 입사했으며, 1901년 진연 때는 방향方響, 1902년 진연 때는 편경編磬을 담당했다. 1903년 3월에 가전악假典樂이 되었다. 1913년 아악수장이 되었는데, 아악부에서는 무용에 능통하여 아악생 무용반을 전담하여 지도했다. 이수경은 궁중무에서 부르는 가곡 창사도 불렀는데, 목소리가 매우 높았고 쉰 듯한 목청으로 구성지고 연연하게 불렀다고 한다. 김천흥은 이와 같이 김영제, 함화진, 이수경 세 선생에게 종아리를 맞아가며 악기와 춤, 노래 모든 것을 배웠다.[28]

김천흥은 하규일 스승에게서 배운 춤의 내용과 기억을 구체적으로 술회했다.

"금하 하규일河圭一. 1867~1937은 가문부터 음악가의 집안으로 옹의 종형 하청일이 가곡의 명가이고 풍류도 능통했다. 친형인 하순일은 거문고와 가곡에도 대가였지만 특히 춤이 능란하여 하규일은 친형인 순일 씨에게 궁중무를 배웠다. 선생의 신장은 5척 미만의 단신에다 가냘프고 섬섬 약질의 체격이요, 얼굴은 백옥같이 희고 두 눈이 생기가 있어 보였다. 그리고 실천력과 인내력이 강한 성격의 소유자임을 나는 느꼈다. 기녀들에게 춤을 지도하실 때는 만약 잘못이나 실수가 있을 때는 용서 없이 다리를 걷히고 조그만 곤장으로 사정없이 때려서 벌을 주는 엄격하고 강인한 선생이다.

그리고 어찌도 열심히 공부를 시켰던지 검무 연풍대를 연습할 때 많이 도는 학생에게는 상을 주는 방식도 채택해서 학생들에게 열성을 내게 했는데 그때만 해도 학생들이 순진하고 정직해서 몸이 괴로운 것도 잊어버리고 그 넓은 강당을 끝까지 많이 돌아와서 상 타는 것만을 즐거이 알았다. 당시 학습시킨 춤들은 궁중무와 같은 것으로 춘앵전, 무산향, 포구락, 장생보연지무, 무고, 선유락, 항장무, 가인전목단, 검무 등 격식이나 형태는 물론이요, 창사 의상에 이르기까지 궁중정재와 같았으며 의상에다 호랑나비를 수놓아 화려하게 만들어진 박접무 복색도 준비되어 있는 것을 보았다."[29]

이왕직아악부 책임자였던 김영제, 함화진은 정가正歌의 계승이 끊어질 것을 염려하여 하규일 선생을 직접 모시고 아악생들에게 가곡, 가사, 시조를 가르치도록 했다. 하규일은 정가의 아버지로 알려져 있다. 그러나 김천흥의 구술에 의하면 검무를 비롯한 궁중춤도 지도했던 것을 알 수 있다.

하규일, 함화진, 김영제는 모두 국악계에 널리 알려져 있지만 대부분은 음악과 가곡에 관한 내용으로 연결되어 있다. 그러나 현재 무용 분야에 궁중계통무용이 엄연히 존재하고 전승되게 된 이유는 이들의 공로가 있었기 때문이다. 김천흥을 지도했던 선생님들은 모두 최순이가 장악원에 연습했을 당시 전악으로 근무했던 스승들이다. 비로소 김천흥과 최순이의 구술이 모두 일치하게 되는 것이다.

고종의 앞에 선 최순이

장악원 스승들에게 궁중의 춤을 지도받은 최순이는 언제 임금님 앞에서 춤을 추게 될지 몰랐다. 진주에서 올라온 최순이가 꿈꾸는 최고의 무대는 진연進宴에 참가하는 것이었다. 진연은 왕과 왕비를 모시고 최고의 잔치를 베푸는 것이다. 절차에 따라 술과 음식을 올리고, 궁중의 악사가 춤의 시작을 알리는 박을 연주하면 궁궐의 전정에 나아가 춤과 노래를 올리게 된다.

진연이란 말은 '연향을 올린다'는 뜻으로 사용된 말이며, 민간에서는 '잔치' 또는 '연회'라는 말을 사용하기도 한다. 잔치는 경사스러운 일이나 축하할 일이 있을 때 일상과는 다르게 음식을 풍성하게 하고 각종 행사를 여는 것이다. 잔치에는 응당 맛있는 음식과 함께 주인공이 되는 사람을 최대한 기쁘게 하고자 하는 뜻이 있다.

궁중 진연은 왕, 왕비, 왕세자 등과 같이 주로 왕족을 기쁘게 하는 잔치이다. 따라서 궁중의 예법과 의식 중 할 수 있는 최고의 연회를 만드는 것이다. 다른 문화권에서도 사랑과 존경을 담아 상대방을 대접할 때 정성을 담은 음식과 꽃을 드리기도 한다. 조선의 궁중에서 최상의 예와 존경의 표시는 바로 음악과 함께 가무를 올리는 것이다. 궁중 진연에서 춤과 노래를 부르는 사람은 궁중 음악기관에 소속된 여령女伶이라 불리는 '기녀'들이었다. 그런데 진연의 규모에 따라 모자란 인원은 지방 교방에서 선발된 선상기로 그 수를 채웠다.

진연 다음으로 '진작進爵'이라는 말을 사용하기도 했다. 진작의 규모에 대해서는 '이번 소작小爵을 진연이나 진찬으로 이름 붙일 것까지는 없고, 진작으로 하라'[30]는 내용이 있다. 이를 통해 진작은 진연과 진찬보다 규모가 작은 연향의 규모였음을 알 수 있다. 따라서 궁중의 잔치에 해당하는 말 중에서 가장 성대한 것이 진연이고 다음으로 진찬, 진작이라는 이름을 붙였다.

국운이 기울어 가던 대한제국 광무 5년1901 11월 12일에 후일의 순종인 황태자가 상소를 올려 즉위 40년과 보령 망육望六, 51세 경사가 겹친 해이므로 존호를 올리고 잔치를 올리게 해 달라고 상소한다. 고종은 50세 경축 진연을 치른 지 얼마 되지 않았으므로 민생을 이유로 거절했다. 그러나 두 차례의 상소와 백관을 대동한 세 차례의 정청庭請 끝에 허락을 했다. 1902년 3월 19일 고종은 드디어 왕위 등극 40년을 기념하는 예식 준비에 관한 조령을 내렸다.

"짐은 하늘과 조종祖宗의 도움과 명을 받아 온갖 복을 누렸는데 올해는 짐이 왕위에 오른 지 40년이 되는 해이다. 동궁이 부모가 장수하는 것을 기뻐하고 세월이 흐르는 것을 아쉬워하는 정성으로 나라에 드문 이런 경사를 맞이하여 연회를 차리도록 여러 번 청했는데 그 성의가 간절했으며, 대소 신료들도 일치한 목소리로 굳이 청하기를 그치지 않았다. 그래서 올가을에 등극한 지 40년이 된 것을 경축하는 예식을 거행하려고 한다. 응행 의절應行儀節을 의정부議政府, 궁내부宮內府, 예식원禮式院, 장례원掌禮院 에서 서로 의논하여 결정한 다음 마련해서 들이게 하라."

고종의 명이 전달되자, 예식은 의정부와 궁내부, 예식원, 장례원에서 각각 필요한 부분을 맡았다. 궁내부에 속한 장례원이 의식과 정재에 필요한 선상기들을 관리하던 곳이다. 장례원은 장악원의 후신으로 1895년고종 32 관제 개혁 때 변화된 명칭이다. 고종의 명에 따라 진연을 준비할 진연청進宴廳을 마련했고 진연의 책임자인 당상堂上과 제조提調를 배정했다. 진연청 당상으로는 김성근, 윤정구, 김학수가 책봉되었다. 진연의 음식을 담당하는 전선사제조典膳司提調에는 이지용이 배정되었다.

1901년 4월 13일에 고종은 또 조령을 내리기를 "이번의 진연 절차는 전례대로 거행하되 장례원과 교방사敎坊司에서 또한 신축년1901의 규례대로 마련하게 하라."고 명했다. 4월 24일에 고종은 다음과 같은 조령을 내렸다.

"짐은 올해 가을 사이에 왕위에 오른 40돌을 경축하는 의식을 가지려고 이미 명령을 내렸다. 짐은 하늘과 조상이 내려준 복을 받고 임금 자리에 오래 있게 되었으므로 하늘이 내려준 경사를 축하함으로써 돌보아준 은혜에 보답하려고 올해 음력 9월 17일로 날을 받아 경운궁慶運宮에서 왕위에 오른 40돌 경축 의식을 가지겠다. 각 직사職司에서 일을 수행하는 관원들은 시행해야 할 의식 절차에 크게 마음을 쏟아서 혹시라도 잘못이 없도록 하라."

1902년 7월 1일에 장례원에서는 전년의 윤허를 근거로 진연 날짜를 택일할 것을 아뢰어 9월 초순 이전으로 택일할 것을 지시받았는데, 진연 장소인 경운궁慶運宮, 덕수궁 중화전中和殿의 준공이 늦어져 세 차례나 날짜를 미루다가 외진연은 11월 4일, 내진연은 11월 8일로 택일하여 윤허를 받는다.

이렇게 고종 등극을 위한 진연 준비는 예정대로 차근차근 진행되고 있었다. 1902년에 시행된 연향은 『의궤』로 기록된 내용과 실록을 통해 간단한 내용만 수록된 경우가 있다. 이 중에서 1902년 11월의 진연은 모두 다섯 차례에 걸쳐 진행되었는데, 그 과정이 임인년 11월 『진연의궤』에 전한다. 11월 8일 대전 내진연, 11월 8일 대전 야진연, 11월 9일 황태자 회작연, 11월 9일 황태자 야연이다.

궁중의 진연에 주빈은 임금이나 황태자, 왕비가 되고 술잔을 올리는 사람은 주빈보다 아래 지위에 있는 왕족이나 신하들이었다. 술잔을 올리는 차례를 알리는 집례執禮자가 큰 소리로 안내하고 음악을 연주한다. 술을 아홉 차례 올리는 그 사이 사이에는 음식이 연주된다. 술을 올리는 횟수가 많을수록 연향의 규모가 큰 것이다. 그리고 술을 올리는 차례 사이 사이에 춤과 노래를 공연하게 된다. 이러한 절차와 내용을 『진연의궤』에 기록했다.

드디어 1902년 11월 8일, 덕수궁의 관명전에서 진연이 열리기 두 달 전부터 선생님들은 피나는 연습을 시켰다. 선생님께서는 정전正殿에서의 개개인의 위치 확인, 등·퇴장 방법 등을 예습시켰으며, 악사들에게도 연주 위치와 더불어 진행 상황을 자세히 설명해 주셨다. 아침부터 일어나 머리 손질과 얼굴 단장은 끝낸 상태이다. 의상을 갈아입는 시간이 꽤 소요되었다. 남치마 위에 붉은색의 덧치마인 홍초상을 겹쳐 입었다. 그리고 겉에는 노란색 몽두리를 입고 가슴에는 붉은 전대를 맸다. 차례를 기다리는 동안 머리 위에 쓴 가채의 무게가 목을 짓눌렀지만 무거움을 느끼지 못했다.

정재를 올리는 여령과 선상기들은 미리 준비된 대기소에서 준비했다. 최순이는 모두 3번의 정재에 출연할 예정이었다. 맨 처음 '봉래의'라는 춤을 추기 위한 의상을 갈아입었다. 집사가 몇 차례 순서를 알리는 홀기를 들었다. 임금님이 앉아 있고 전정 위에 악공들이 도열해 있었다. 드디어 봉래의 시작을 알리는 집박 소리가 들리고 전정 무대로 나아갔다. 모두 8명이 열을 맞추어 가죽으로 만든 신발을 신고 춤을 추었다. 최순이는 음악이 끝날 때까지 눈동자를 흐트러뜨리지 않고 시선을 고정했다. 음악을 놓치지 않기 위해 신경을 곤두세우고 다음 동작을 기억하려 집중했다. 드디어 춤을 마치는 박이 울리고 퇴장했다. 대기소로 돌아온 최순이는 등줄기에 식은땀이 주르륵 흐르는 것을 느꼈다.

겨우 한숨을 돌릴 사이도 없이 다음 순서를 위해 의상을 갈아입었다. 포구락에 이어 드디어 마지막 순서는 검기무였다. 4명이 출연했는데, 최순이는 좌무左舞로 섰다. 다른 춤에 비해 검기무는 매우 부담이 컸다. 죽간자나 다른 의물들도 없고 오로지 검무 동작만으로 춤을 구성하기 때문이다. 다시 한번 심호흡을 한 채 전정으로 나아갔다. 음악이 멈출 때까지 오로지 다음 동작만 생각하고 몸의 움직임과 음악에만 집중했다.

최순이가 참가한 진연의 도병이 있다. 도병에는 시간의 순서대로 진연의 모든 순서가 빼곡히 기록되어 있다. 도병은 가장 오른쪽이 1폭, 그 다음이 2폭이다. 또한 1폭 안에서도 위에서 아래로 시간 순서대로 기록되어 있다. 몇 시간에 걸친 진연이 한 도병안에 모두 기록되어 있는 것이다. 다음 그림은 1902년 고종의 어극 40년을 축하하기 위해 올린 진연도이다. 총 8폭의 도병 중에 6폭이 결실되었고 2폭이 남아 있다. 2폭 그림의 가장 하단에 검기무를 추는 4명의 여령이 보인다. 4명 중 계향으로 출연한 여령이 최순이다.

4명의 여령은 머리에 전립을 쓰고 치마저고리에 쾌자를 착용한 군복 차림새이다. 양손에 잡은 칼은 팔 길이만큼 꽤 긴 칼을 사용하고 있다. 〈무령지곡武寧之曲〉이라는 음악이 연주된다. 이는 무력으로 안녕을 이룩한다는 뜻이다. 악사가 춤을 출 수 있는 전殿 안에 검기를 두고 좌우로 나간다. 박拍이라는 악기를 한번 세게 내려치면 드디어 춤이 시작된다.

4명의 여령은 서로 마주 보고 서 있다. 맨손으로 춤을 추면서 서로 나아갔다 물러나기를 반복한다. 서로 위치를 바꾸어 서서 등을 지기도 하고 마주보기도 하면서 춤을 춘다. 이제는

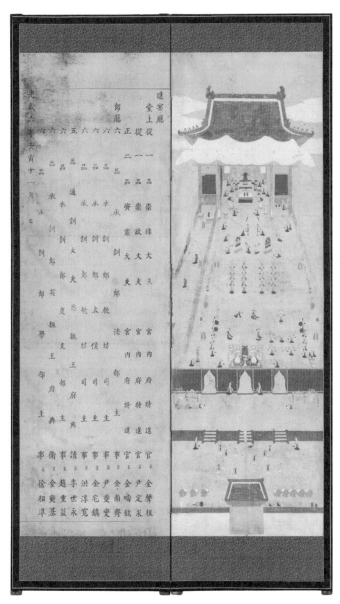

『임인진연도』, 8폭 병풍 중 2폭, 1902, 비단에 채색, 국립고궁박물관.
진연의 마지막 순서였던 검무를 추는 4명의 여령들이 그림의 가운데에 보인다. 1902년 덕수궁 관명전에서 열린 야진연으로 검기무 중 좌무에 녹주와 계향 출연한 사료가 있다.

서로 마주 보고 꿇어앉아 춤춘다. 칼을 잡기 전에 어르다가 칼을 잡고 번뜩여 회오리바람처럼 돌리면서 소매로 어른다. 이윽고 일어나서 검무를 추는데, 각기 재주를 사용한다. '연귀소鷰歸巢'라는 춤사위를 하는데, 이는 '제비가 둥지로 돌아 간다'는 말로 춤의 처음 자리로 돌아가는 것을 말한다. 연귀소는 '연풍대 筵風摺라는 동작을 하기 위해 자기 자리로 돌아가는 것이다. 연풍대는 원을 그리며 반시계 방향으로 돌아가는 동작이다. 이 동작의 특징은 허리를 뒤로 유연하게 젖히며 도는 것이다. 연풍대 동작이 끝나고 나면 다시 춤을 추며 나아갔다 물러가기를 한다. 그리고 음악을 그치면 춤이 끝난다.

최순이가 출연한 검기무는 진연의 마지막 절차에 올라갔다. 궁중 진연에 올리는 정재는 죽간자竹竿子와 같은 의물을 든 여령을 포함하여 10여 명 이상 군무로 출연하게 된다. 그런데 검기무는 4명의 여령이 칼춤을 추는 역동적인 춤이다. 이는 앞의 정제되고 절도 있는 춤과 비교된다.

최순이는 검기무를 끝으로 실수 없이 진연을 마무리했다. 의상을 갈아입고 대기 장소로 돌아오니 잔칫상이 마련되어 있었다. 여령들을 위해 따로 차린 상차림이었다. 한 번도 먹어보지 못한 음식이 대부분이었다.

최순이가 받은 상의 이름은 사찬상賜饌床이라고 부르며 임금

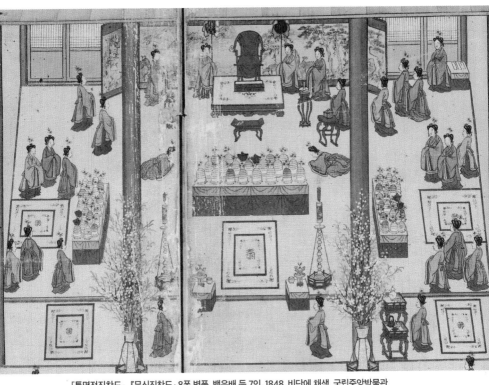

「통명전진찬도」, 「무신진찬도」 8폭 병풍, 백은배 등 7인, 1848, 비단에 채색, 국립중앙박물관.

이 그림은 헌종이 1848년 대왕대비인 순원왕후의 육순을 경축하며, 창경궁 통명전에서 베푼 진찬의
내용이다. 이 진찬에 초록색 원삼을 입고 있는 사람들은 여집사들로 왕과 왕비가 순원왕후에게 술을
올리고 절을 하도록 인도한다.

중앙의 북벽에 남향으로 바라보는 빨간 의자가 순원왕후의 자리이다. 동, 서에 향을 피우는 향안(香
案)을 놓고, 동쪽 향안 아래에 옥쇄를 올려놓은 탁자가 있다. 술병을 놓은 탁자와 차를 놓은 탁자가
기둥 밖 주렴 안 사이의 북쪽 가까이에 설치되었다. 커다란 화병에 꽃을 꽂은 준화(樽花)를 계상(階
上)에 동서로 설치했다.

북쪽의 제일 큰 상차림은 22가지의 음식을 괴어 놓은 것이다. 이 상차림은 실제 먹지 않는다. 순원
왕후는 초미(初味)에 소만두과, 골탕, 생복화. 그리고 상화(床花) 2개로 장식한 음식상을 첫 번째로 받
았다. 이렇게 3가지 음식을 세 차례 삼미(三味)까지 받았다. 그다음으로 소고기숙편, 양고기숙편, 돼
지고기숙편, 닭적, 염수, 금중탕, 만두가 올라가고 마지막으로 작설차 한 그릇을 받았다.

님께서 내려 주신 음식이라는 뜻이었다. 국수·각색·떡·각색 강정·빙사과冰絲果·연사과軟絲果·요화蓼花·배·준시·생률·대추 돼지고기·쇠머리·화양적花陽炙·꿀·초장이 있었다. 게다가 상 위에는 화려한 꽃 장식이 놓여 있었는데, 최순이는 태어나서 한 번도 본적 없는 상차림이었다.

12월 7일의 내진연에는 총 일곱 차례의 술을 올렸다. 첫 번째 잔은 황태자가, 두 번째 잔은 황태자비가, 세 번째 잔은 영왕英王 이은李垠이, 네 번째 잔은 연원 군부인延原郡夫人이, 다섯 번째 잔은 좌명부左命婦인 정경부인貞敬夫人 서씨徐氏가, 여섯 번째 잔은 우명부右命婦인 정경부인 곽씨郭氏가, 일곱 번째 잔은 종친의 반수班首인 완평군完平君 이승응李昇應이 올렸다. 첫 번째 잔을 황태자가 올렸다는 것은 이날의 주빈이 고종황제였음을 의미한다. 그리고 이날의 의주도 기록되어 있지 않지만 관례대로 음악과 가무를 공연했을 것이다.

최순이, 궁에 남기로 하다

1902년 대한제국의 공식적인 연향은 막을 내렸다. 그렇다면 궁중의 진연을 담당했던 여령들과 선상기들은 모두 어디로 갔을까? 진연을 위해 지방 교방에서 올라온 선상기들은 진연이 파한 후에는 자신이 속한 읍으로 되돌아가는 것이 원칙이다. 그런데 최순이는 곧장 진주 관아로 돌아가지 않았고, 순종 대까지 궁중의 무희로 머물렀다. 최순이는 임금님 앞에서 춤을 잘 췄고, 그 덕분에 옥관자玉貫子도 받았다. 최순이는 짧은 진연 준비 기간보다 궁중에 머무는 시기에 더 많은 춤을 섭렵했다.

최순이가 궁중에 계속 머물러야만 했던 이유는 그녀의 역할이 아직 남아있었던 것은 아니었을까? 이러한 궁금증을 해결할 만한 실마리가 발견되었다. 1908년 3월 18일 대한매일신보의 기사 내용에는 "지금 있는 기생이 모두 일백여 명인데, 그중에서 30명만 관기로 정하고 장악과에 속하여 매일 가무를 가르친다더라."라는 내용이 있다. 즉 1908년 궁중 장악과에 속한 관기 100명 중 70명은 궁 밖으로 내보내고 30명만 남겨두었다는 기록이다. 그렇다면 최순이는 그 30명 중에 포함되어 있었을 것이다.

사진은 1910년대 덕수궁 중화전에서 궁중의 악사와 기녀들을 찍은 사진이다. 한일병합이 됐지만 궁중에 최소한의 기녀와 악사는 남겨두었다고 한다. 이 기녀들 중에 최순이가 있었을지도 모를 일이다.

1908년 많은 수의 관기들이 궁 밖으로 나갔다. 그러나 최

1910년대, 『근현대 한국음악 풍경』, 국립국악원.
덕수궁 중화전 여기들과 악사들.

순이는 궁내부 소속 관기로 궁 안에 남게 되었다. 혼란스러
웠던 정세 속에서도 외교사절단을 맞이하는 연향은 계속되었
다. 최순이는 궁 내에서 오랜만에 이전과 같은 분주함을 느
꼈지만, 여령들은 이전과는 달리 적은 인원으로 연향을 준비
할 수밖에 없었고, 연향의 규모도 예전과 같지 않음에 쓸쓸
함을 느꼈다. 그러나 여령들은 주어진 바에 최선을 다하기
위해 연습에 매진했다. 연향이 있는 날 최순이는 여느 때 보
다 일찍 일어나 먼저 머리 손질부터 시작했다. 머리에 동백기
름을 듬뿍 발라 참빗으로 곱게 빗었다. 그다음 얼굴 단장을

시작했다. 분꽃의 씨를 말려 가루를 낸 하얀 분가루를 얼굴에 얇게 펴서 발랐다. 그리고 뭉치지 않도록 면 분첩으로 톡톡 두드려 주었다. 참기름에 갠 까만 잿가루를 솔을 이용해 가늘게 눈썹을 그렸다. 마지막으로 붉은 연지로 입술을 발랐다. 백동으로 된 칼날은 연습을 많이 하여 때가 묻은 것 같았다. 반짝반짝 빛이 날 수 있도록 헝겊으로 깨끗하게 닦아 두었다. 그리고 오늘 외교관이 방문하는 경복궁의 경회루로 이동했다. 이동할 때는 칼 소리가 나지 않도록 칼날을 몸쪽으로 붙인채 조심스럽게 걸어갔다. 경회루 아래 관기들의 대기소가 마련되어 있었다. 그곳에서 의상을 갈아입었다. 치마저고리를 입고 전복을 착용했다. 관기들은 가슴에 전대를 서로서로 매어 주었다. 그리고 머리에 전립이 흘러내리지 않도록 이마에 둘러 뒤로 꼭꼭 매듭을 지었다. 대기 장소에서 경회루쪽을 살펴 보니 각양각색의 복식을 한 출연자들이 진지한 표정으로 자리를 지키고 있었다. 술과 음식을 올리는 집사가 긴장한 얼굴로 준비를 마친 모습이다.

대한제국시기 총영사와 전권공사를 역임했던 호레이스 N. 알렌의 『조선견문기』에 궁중에서 연회를 보았던 광경을 묘사한 내용이 있다. '궁중의 운동'이라는 제목으로 쓴 글의 내용은 궁중의 춤에 대한 절차를 설명하고 있다.

물론 지배계급에는 서양의 운동에 해당하는 것이 있었다. 그러나 위에서 말한 바와 같은 놀이에 쓸 운동장이 없다. 가장 좋은 흥행은 왕족과 관리들이 모인 앞에서 이뤄진다. 이와 같은 흥행은 기생과 몇 사람의 남자가 함께 노래 부르면서 춤을 추는 것으로 되어 있다. 구경꾼들은 춤을 추지 않고 그들이 춤추는 동안 앉아서 구경만 한다. 기생들의 춤 가운데 검무라고 불리는 것이 있는데 동작이 매우 빠르다가 끝으로 갈수록 동작이 우아해진다.

또 학춤이 있는데, 이 춤은 큰 황새로 분장한 두 사람의 남자가 큰 연꽃 주위를 돌 때 춤을 추고 서로 점점 가까이 다가와서 꽃을 공격하는 흉내를 여러 번 낸 뒤에 마침내 연분홍 꽃잎들을 부리로 쪼아 밖으로 제쳐 놓으면 우아하고 작은 기생 한 사람이 걸어 나온다.

두 사람이 능숙하게 한 마리의 호랑이로 분장하고 기괴한 춤을 추어 어린이들을 기쁘게 해주는 춤도 있다. 또한 춤과 음악의 경연대회도 있다.

이런 경연대회는 장식 아치에 터 있는 공간을 통해 명주실로 만든 공을 던져 마무리하는 음률적인 몸짓으로 끝맺는 것으로 되어 있다. 무희들은 한 줄로 서서 경연하는데 매우 흥겹다. 이긴 사람들은 그들이 모두 착용하는 가발에 꽃을 받지만 진 사람은 얼굴에 검은 표적을 그린다. 이긴 표시로 꽃을 장식한 무희들은 명주 한 필을 선물로 받게 된다.

대궐에서 친절하게도 외교관들을 위해 흔히 베푸는 잔치 다음에는 그런 유형의 오락이 뒤따라 나온다. 그러나 외국인들은 처음에는 항상 고맙게 생각했지만 자주 연회를 반복하니 싫증을 느끼게 되었다. 이 나라에서는 지난날 이러한 경연대회가 매우 지위 높은 사람들이 가장 좋아하는 오락 행사였다고 생각하면 참으로 언짢기만 하다.[31]

알렌이 초대되었던 궁중의 연향은 꽤 상세히 설명되어 있다. 처음 시작은 노래를 부르는 것으로 시작된다. 노래는 남자가 불렀다고 했고, 기생이 춤을 추었다고 하여 기생의 존재를 알고 있었다. 처음 '검무'를 보았는데 처음에는 칼을 잡고 하는 빠른 동작으로 시작되었다. 그리고 우아한 동작으로 이어졌다고 했다. 학춤에 관한 진행절차는 매우 상세히 묘사되어 있어 마치 이 춤의 내용을 모두 알고 있는 듯하다.

그는 궁중의 연회뿐 아니라 한국의 '기생'에 대해 매우 전문적인 식견을 지니고 있었다. 알렌의 기록을 통해서도 궁중에 관기들이 남아 있어야 하는 이유가 설명된다. 조선 왕실에서는 예로부터 국빈이 방문했을 때 음식과 음악을 베풀어 사신을 즐겁게 해 드리는 것을 예우로 여겼다. 여기에 궁중 격식을 갖춘 춤과 노래인 '정재'는 그 예를 표면으로 가장 잘

드러내는 방법이었다. 여기에 여령女伶이라 불리기도 하고 여
악女樂이라 하기도 했던 사람들은 바로 기생이었다.

1913년에도 평양 노래 서재에 다니던 이난향이 서울에 진
연을 위해 뽑혀 올라가 3개월 동안 봉상시[32]에서 연습했다는
기록이 있다.[33] 이난향이 참가한 연향은 일본의 압박으로 다
음 해에는 간소하게 치러지긴 했지만 언제라도 진연에 나설
수 있는 관기들을 준비했던 것만은 분명하다. 공식적인 관기
제도는 이 시기에 폐지되었지만 순종대에도 진연을 위한 공
연 연습은 지속된 것이다.

대한제국 궁중에 소속된 관기들이 서서히 사회로 빠져나갔
다. 궁중에 소속된 남자 무동들은 외부와 관계를 끊고 대궐
밖에서는 일체 연희 활동을 하지 못한 데 반하여, 여령은 궁
내에서의 행사를 치른 후에는 자유로이 생활할 수 있었고 외
부에서의 가무 활동도 허용되었다. 그러나 이들의 활동 영역
은 제한된 것으로 일부 특수계층을 위해서만 춤추고 노래할
수 있었다. 그러므로 궁중의 여령은 궁중에 예속된 신분임에
도 불구하고 민간사회의 활동이 일부 허용되었다.

1900년대 초 지속적으로 궁중의 인원을 줄여나가는 정황
을 다음의 신문 기사를 통해 알 수 있다.

울기 잘하는 늙은 궁녀, 요사이 대궐 안에서 비천한 일에 종

사하던 사람의 핑계 삼을 밑천을 떼는데 다섯 개 처소에 오십 명만 남겨두고 그 외에는 모두 내보내서 많은 궁녀들이 의지할 곳이 없이 외롭고 구차해져서 원통하다고 호소함이 하늘에 넘치는데...[34]

이 기사를 통해 궁중의 생활에 익숙한 궁녀들이 갑자기 자유를 얻었다 하더라도 생계를 이어 나가거나 의지할 곳이 마땅하지 않은 것이 당시의 현실임을 알 수 있다. 궁중의 궁녀가 이럴진대, 가무에만 능하던 관기들은 오죽했으랴. 1908년 궁에 남아 있던 100명의 기녀 중에서 70명은 궁 밖으로 나왔다. 궁중이 일터였던 관기들은 일의 터전을 잃은 셈이다. 이들은 갑작스럽게 변한 환경에 갈 곳이 많지 않았다. 어릴 때 궁중에 입적하여 배운 것은 모두 춤과 노래, 악기를 다루는 재주뿐이었다. 궁중의 관기들은 허드렛일이나 음식 만드는 일은 하지 않았기 때문에 궁 밖으로 나오게 되면서 생계를 위한 다른 일은 할 수 없는 형편이었다.

1908년 무렵 궁중의 관기가 소위 인기 있는 요리점으로 갔다는 소식이 들려왔다. 궁내부 소속으로 궁중 요리의 전선사장典膳司長을 맡아 보던 안순환安淳煥이 궁에서 나가 명월관明月館이라는 요리점을 개업했다. 게다가 궁중 나인 출신인 '분이'가 만든 술은 많은 사람들에게 인기를 끌고 있었다. 명월관은 궁에서 나온 관기 출신이나 지방의 일류 기생들만 모아서 영업하여 대성황을 이루고 있었다. 벌써 몇몇 관기들은 궁을 빠져나가 명월관에 출입하여 꽤 많은 돈을 벌고 있었다.

그러나 최순이는 요리점에 가는 것이 탐탁지 않았다. 선상기가 되어 궁으로 올라온 것은 요리점에 가기 위한 것이 아니었다. 궁궐의 섬돌 위와 아래에 나열된 관현악 악기 음악에 맞추어 무대 중앙에서 춤을 출 때는 마치 신선이 된 듯한 기분이었다. 최순이는 오로지 왕을 축원하고 나라의 태평성대를 바라는 마음으로 모든 정성을 다하여 춤추는 것이 자신의 소임이라고 생각했다. 그런데 요리점의 방중 공간은 여유롭게 춤을 출 수 있는 공간도 아니었다. 음악도, 공간도, 왕도 없는 공간에서 춤 추는 자신의 모습을 상상할 수가 없었다. 모든 의식을 생략하고 한상차림으로 내어놓은 교자상 옆에서 춤을 추는 자신을 용납할 수가 없었던 것이다. 요릿집에서 춤 춘다는 것은 당시 최순이의 생각으로는 모든 정신과 육체가 일체가 되어 추는 예술적 행위가 아니었다.

궁중의 장악원이 해체되고 대다수의 관기들이 궁 밖으로 나갈 무렵 궁중 장악원과 아악부 양성소에서 가곡과 춤을 가르쳤던 하규일은 궁 밖에서도 기생조합이나 권번의 기생들에게 춤과 노래를 전수했다. 하규일은 기생의 춤과 노래를 다음과 같이 비유했다.

'명창 열 사람이 나올 때도 명무 한 사람이 나오기 어렵다.' 그 까닭은 춤은 우선 용모와 자태가 뛰어나야 하며 그 기질도 온화하여 그 춤에 맞아야 한다. 몸 움직임이나 춤사위는 배워서 훈련하면 될 수 있으나, 용모·자태는 타고나지 않고는 후천적 자작이 불가능하므로 몸태를 갖추는 것이 선천적인 조건이다.[35]

하규일은 궁중의 여령들 중 춤을 담당한 기녀들은 그 특유의 자태를 표현할 수 있어야 함을 강조했다. 소리로 전달되는 노래에 비해 춤은 시각적인 요소가 중요하기 때문이다. 이렇게 본다면 궁중에 최소한의 인원을 남기고 정리하고자 했을 때, 꼭 남아야 하는 사람은 궁중의 춤의 미美를 표현하여 줄 수 있는 여령이었을 것이다. 춤을 추는 기녀들은 춤을 표현하는 '춤선'이 타고나야 하기 때문이다.

그렇다면 최순이는 타고난 큰 키와 실력으로 인해 궁에서 꼭 필요한 궁중 춤을 전수받고 있었을 것이다. 궁중 진연에 필요한 음악과 가곡은 장악원의 남자 전악들이나 악사들이 담당했다. 그렇지만 궁중의 춤은 단기에 이습되지 않았고, 또 새로 선상기를 모집하기도 어려운 상황이었다. 그렇기에 더더욱 최순이는 진주로 내려갈 수가 없었다. 1902년부터 1909년 사이 최순이는 궁중의 거의 모든 춤을 배울 수 있었다. 어느 때 연향에 참가해야 할지 모르기 때문에 평소에도 매일 춤 순서를 익혀두어야 했다. 이러한 경험은 훗날 진주검무를 복원하는데 큰 자산이 되었다.

1902년 가을 고종 즉위 40년을 기념하고 축하하는 칭경식 稱慶式을 거행하기 위해 희대戲臺, 원각사라는 근대식 극장이 건립되었다. 이와 함께 궁내부 관할하에 '협률사'라는 기관을 조직하여 기생, 재인才人, 창우倡優, 무동舞童 등을 모집했다. 원각사 무대에서는 관기들의 궁중무가 있었고, 이어 민속무, 탈춤 등도 등장했다.[36] 원각사 무대에서 연희된 궁중무용은 아박무·대고무·포구락·가인전목단·항장무·무산향·춘앵전이었다. 이러한 춤들은 모두 궁중 소속의 관기들이 진연에서 추는 춤이었다. 협률사에서 공연된 춤 중에서 포구락은 궁중진연의궤나 홀기에 빠지지 않고 등장하는 종목이다. 다음은 순종 대에 진연에 참가했던 기생 이난향이 중앙일보에 기고한 내용이다.

춤이 한창 무르익은 다음 포구락이라는 놀이가 시작된다. 두 줄로 앉아 있었던 기생들이 차례차례로 일어나 포구락 틀에 다가선다. 이때 기생들은 손에 용알을 하나씩 들고 있다. 용알은 지금 당구장에서 쓰는 당구알만한 크기에 속이 딴딴하고 겉은 비단으로 쌌는데 양쪽에 색실로 만든 2개의 술이 달린 공이었

원각사의 초기 모습.
원각사는 우리나라 최초의 서양식 극장으로 당시로서는 비교적 좋은 시설을 갖추었으나, 국운(國運)
과 함께 숱한 풍운을 겪고 결국 1914년 봄에 화재로 소실되었다. ⓒ국사편찬위원회

1904년 궁내부 소속 협률사 단원들의 모습. ⓒ한국민족문화대백과사전

다.

이것을 손에 든 기생이 먼저 노래와 장단에 맞추어 맵시 있게 춤추면서 포구락 틀 앞에 다가서는 왼손으로 화관이 뒤로 쓰러지는 것을 받치고 오른손에든 용알을 포구락 틀 가운데 있는 구멍에 잘 겨냥해서 던진다. 요령 좋게 던진 용알이 구멍을 빠져나가면 4명의 무고에서는 일제히 북소리와 함께 지화자가 터져 나오고 성공한 기생의 어깨에는 왕이 내리는 비단 1필이 걸린다. 기생은 임금에게 조신하게 절을 올린 후 춤을 추면서 물러나고 기생이 다시 포구락 틀에 다가선다. 만약 다음 기생이 넣지 못하는 경우에는 이 기생의 볼에 먹으로 다튼 기생이 까만 점을 살짝 찍어 놓는다.

이날 진연이 끝날 때까지 이 기생은 검은 점을 지워 버려서는 안된다. 이것이 기생들이 진연의 중요한 대목으로 연습되는 것이다.[37]

이난향이 참가한 황실의 진연은 대한제국의 마지막 황제인 순종 대의 일이다. 이때는 공식적으로 『의궤』를 제작하지 않았다. 결국 이난향은 진연에 나가기 위한 포구락 연습만 하고 실제로 진연에 나가지는 못하게 되었다. 순종 역시 일본 총독부의 눈치를 보던 상황이었다. 이난향보다 8년이나 먼저 궁에 들어간 최순이도 물론 궁중의 포구락을 전수 받아 후일 진주의 제자들에게도 전수했다.

　　　　이능화는 대한제국 1907년고종 11에 『고종실
록』 사료 수집위원으로 활동하는 등 많은 저작 활동을 했다.
이능화는 기생에 대해 글을 쓰고 기록을 남기기 위해 당시 명
월관을 비롯한 여타 요리점을 고급과 저급을 막론하고 여러
차례 드나들며 자료를 수집했다.[38] 그래서 전통적인 조선 관
기의 위상이 어떻게 몰락해 가는지를 알고 있었다. 그는 조
선 여성의 매춘이 고종 갑오년 이후로 일어난 일이라고 했다.
그러나 조선 정부는 매음하는 여성을 추업부醜業婦 정도로 이
해할 뿐이라서 유녀를 사회적으로 규정한 적이 없다.
　고려와 조선시대 기녀를 이름하는 여러 가지 용어 중에 '창
기娼妓'는 '궁중에서 가무를 하는 자'의 의미로 사용되었다.
1486년성종 17에 "국가에서 경외京外의 창기娼妓를 둔 것은 노래
와 춤을 가르쳐 연향에 대비하기 위한 것이다."[39]라고 분명하
게 밝히고 있다.
　그러나 갑오개혁 이후 일본에 의해서 궁중이나 교방에 소
속된 관기官妓와 엄격한 구분을 두기 위해 창娼과 여女를 결합
한 용어를 만들어 냈다. 결론적으로 '관기'라는 개념은 사라

지고 기생의 참뜻마저 왜곡시키는 결과를 자아내었지만 관기와 '창녀'는 엄격히 구분되는 용어였다. 다음의 기사를 보면 일본이 주도적으로 기생이라는 용어를 폄하하고 확대 재생산했음을 알 수 있다.

"파렴치한 노인"을 단속한 후, 약 보름쯤 뒤에 "소위 창녀로 이패니 삼패니 갈보니 하는 명색들을 경무청에서 일병 잡아 증치하야 영위 폐지케 하고 다만 기생만 두시라고 한다더라"[40]

위의 기사에서는 소위 '기생'과 대립되는 집단을 '창녀'로 규정하고 있다. 이때부터 이패, 삼패, 갈보와 같은 부류를 창녀라 이름하기 시작했다.

여기서 기생이라는 단어가 오염된 이유는 또 있다. 이능화는 기생사 연구 분야에서 뛰어난 업적을 남겼음에도 불구하고 치명적인 실수를 하고 만다. 그것은 바로 기생을 일패一牌라 한 것에 모자라 창녀류 중에서 제일 윗길이라고 기록한 것이다. 이능화는 관기에 대해 '제아무리 기생이라 할지라도 창녀류에 포함된다'며, 기생을 창녀류에 포함하기 시작했다. 정작 조선 궁중에서는 '창기'는 교방에서 가무를 담당하는 사람을 칭하는 말이었음에도 현대에 와서 그 의미는 퇴색되고 말았다.

기생 이난향이 구술한 중앙일보 기사 중에 1941년 일본이 진주만을 기습한 이후 전시 체제로 돌입하면서 '기생'이라는 단어의 오염은 더 심각해졌다고 한다. '기생'이라는 이름이 전시에 어울리지 않는다고 하여 '접대부'라는 이름으로 고쳐 부르게 했다는 것이다. 기생들의 화려했던 비단옷 대신 '몸빼'라는 일본식 롱바지를 걸치게 하여 품격을 더욱더 떨어뜨렸다.[41] 시간이 지나면서 '기생＝접대부'라는 등식을 만들어내고 1910년 이전의 관기, 선상기, 여령과 같이 전문예술인에 해당하는 한국 기생의 참 의미는 사라졌다. 기생이라는 단어의 오염은 일본에 의해 주도된 것이지 우리의 왕실이나 관의 주도로 이루어진 것이 아니다.

2장___ 나라를 잃었으나
춤은 잊지 않았다

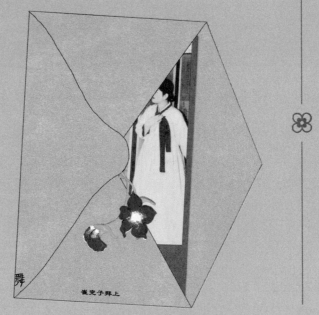

舞

崔完子拜上

교방의 해체, 낙향

　최순이는 순종 임금 대까지 궁중에 머물렀다. 그러나 1910년 일제의 강제병합으로 인해 대한제국은 막을 내리고 황실도 문을 닫아야 할 상황이 되었다. 궁중음악과 무용을 담당했던 장악원은 이왕직아악부로 개칭되어 일제가 관리하게 되었다. 일제가 그나마 조선 왕실의 음악은 유지하도록 했다. 다만 '장악원'이라는 이름을 버리고 이왕가의 아악부서로 격하시키면서 말이다. 장악원 체제에서 '이왕직아악부서'로 바뀌어도 장악원 출신의 악사와 감독들은 그대로 궁중에 남아 있었다. 하루아침에 음악전문가를 양성하고 교체하기는 쉽지 않기 때문이다. 그러나 춤을 추고 노래를 하는 관기들은 모두 궁 밖으로 나가게 되었다.

관기가 해체된 이유는 일차적으로 궁중에서 여령의 역할이 사라졌기 때문이다. 그러나 이보다 더 큰 의미는 장악원이 해체됨으로 인해 조선의 예와 악을 표상하던 궁중의 음악 기관이 해체되고 그 의미가 변질되었다는 데 있다. 일제에 의해 조선의 유서 깊은 궁중 문화가 소실되고 만 것이다. 궁중에 있던 관기 중 일부는 경성에 남아 살 궁리를 강구했다. 그나마 궁중 소속의 관기나 궁녀는 경성의 유명 요리점이나 극장식 무대에서 인기리에 소개되기도 했다.

최순이는 나라가 없어졌다는 생각에 커다란 절망에 빠졌다. 그 절망감은 자신의 태양이었던 왕이 사라진 것에서 비롯된 것이었다. 최순이가 그토록 혼신의 힘을 기울여 춤을 연습하고 노래를 했던 것은 모두 조선의 왕을 위한 것이었다. 이제는 춤을 추고 노래를 해야 할 이유를 상실했다. 최순이의 몸과 머릿속에 자리잡은 무형의 예술은 그녀의 의지와 상관없이 사라질 위기에 처했다.

한순간에 모든 것에 대한 의미가 사라졌다. 그러나 이러한 상실감보다 더 큰 두려움은 당장 먹고사는 것에 대한 문제였다. 최순이는 교방에 입학하고 선상기로 뽑혀 궁중에서 지내는 동안 생계에 대한 걱정을 해본 적이 없었다. 그러나 냉혹한 현실은 차가운 겨울바람처럼 금방 피부로 와 닿았다.

최순이는 다른 기녀들처럼 경성에 남아 요리점에서 일하고 싶지는 않았다. 사실 최순이가 마음만 먹는다면 그녀와 같이 실력 있는 관기는 경성의 유명 요리점에서도 일류로 반겼을 것이다. 그리고 상당한 부를 축적하거나, 혹은 경제적 뒷받침이 되는 후원자를 만나 한평생 평범하고 영화로운 삶을 누릴 수도 있었을 것이다. 그러나 그 길은 결코 최순이가 원한 삶이 아니었다. 최순이는 고향인 진주로 내려가기로 했다. 고향에 가면 할 수 있는 일이 있을 것만 같았다. 무엇보다 꿈에 그리던 어머니를 만나고 싶은 심정이 컸다.

진주를 떠나온지 벌써 여러 해가 지났다. 진주는 빠르게 변화하고 있었다. 최순이는 유일한 혈육이었던 어머니가 살고 있던 봉곡동 자택으로 가보았다. 최순이는 며칠을 어머니와 회포를 나누었다. 어머니는 최순이가 머물던 궁중의 생활에 대해 아주 많이 궁금해했다. 그동안 딸이 무척 그리웠지만 선상기로 성공한 최순이를 위해 참고 마음속으로 잘되기만을 기도했던 어머니였다. 역시 고향과 어머니가 주는 힘은 큰 것이었을까? 나라가 없어지고 왕이 없어진 그 절망감을 딛고 최순이는 다시 일어서야겠다고 생각했다. 최순이는 좌절하지 않고 무슨 일이든 해야겠다는 힘이 생겨나기 시작했다.

진주를 떠나기 전 봉곡동에 있던 최순이의 동기들은 대부분은 혼기가 차 시집을 갔다. 그러나 최순이는 당시 시대적

1910년도 남강 위의 촉석루. 진주성 안 촉석루 옆에 모의당이 있었다. ©경상국립대학교박물관

1910년대 최순이가 살았던 진주시 봉곡동 일대 모습. ©개천예술제 홈페이지

상황을 미루어 봤을 때 아무리 궁중에 있었던 관기 출신이라 할지라도 평범한 가정을 꾸리기는 쉽지 않은 상황이었다.

어머니와 먹고 자기를 함께 한 나날들이 한 보름 정도 지났을까? 최순이는 고향에서 자신이 할 수 있는 일을 생각했다. 생각이 정리되어갈 즈음 자연스럽게 몸이 기억하는 공간인 '교방'을 찾아갔다. 큰 기와 밑에 세 칸의 가옥으로 구성된 건물 아래 대청마루에는 먼지가 수북이 쌓여 있었다. 춤을 연습하도록 따로 마련된 넓은 방 안에는 미처 다 치우지 못한 장고채가 옛 건물의 사용 용도를 알려줄 뿐이었다. 선생님들과 기생들은 온데간데없는 상태였다.

최순이는 아쉬운 마음에 몸을 돌려 마당을 지나 돌아 나가려고 했다. 그때 마침 교방에서 심부름과 여러 가지 잡일을 도와주던 늙은 다모茶母가 최순이를 알아보았다. 다모는 교방이 해체되고 난 뒤에도 소일거리를 찾고 있는 모양이었다. 그리고 최순이를 보자마자 '모의당慕義堂'이라는 곳을 가보라고 일러주었다.

최순이는 진주성 안에 있는 모의당을 찾아가 보았다. 모의당은 의암사적비가 있는 동쪽 언덕에 있었다. 모의당은 논개의 신위를 모시고 있는 사당인 의기사義妓祠와 가깝게 있었다. 모의당에는 교방에 큰 행사가 있을 때 나와서 도와주었던 나이 든 노기들이 모임을 하고 있었다. 최순이는 모의당 건물

안으로 들어가 노기들에게 인사했다. 노기들은 최순이를 알아보고 한달음에 다가와 반갑게 맞아주었다.

모의당은 본래 의기사 아래에 있던 것을 1969년 진주성 임진대첩 계사순의단晋州城壬辰大捷癸巳殉義壇 북쪽으로 옮겨졌다. 모의당에는 진주 교방에서 동기들을 가르쳤거나 관리했던 노기들이 있었다. 노기들은 진주 관아에 적을 두었던 관기 출신 기생들이 주축이 되어 있었다. 이들은 더 이상 관아의 부역을 지지 않아도 된다는 해방감을 잠시나마 느끼고 있었다. 그러나 안도의 해방감은 잠시였고, 또 다른 통제 속에 갇히게 되리라는 것을 미처 깨닫지 못했다.

천민이라는 신분의 허울만 사라졌을 뿐 인습적으로 남아 있는 더 혹독한 사회적 냉대와 차별은 피해갈 수 없는 현실이었다. 관아에 노역을 하고 있을 때는 기본적인 생계는 걱정하지 않았다. 그러나 이제 나라에서 더 이상 관기를 양성하지 않는다고 한다. 기생들은 모의당에 모여 앞으로의 계획에 대해 끝도 없는 이야기를 이어나갔다. 별 뾰족한 수는 없었다.

기생 스스로 만든 기생조합

"가무 그것은 예술이며, 적어도 우리는 예술가로소
이다."

기생은 시대의 피해자다. 스스로 원해서 기생이 된 경우는
없다. 교방에 적을 두거나 궁중에 있을 때는 깨닫지 못했다.
이제야 알게 되었다. 자신들이 그동안 해왔던 일은 조선의 격
조 있는 예술이었다는 것을. 그러나 시대는 그녀들을 모두
'기생'의 예술가로 인정하기 보다는 술자리의 유흥거리로 평
가절하 하였다.

이제 국가와 관아의 체계적인 관기 관리제도가 없어지자,
기생은 천민 신분에서 벗어날 수 있게 되었다. 관기 해체는
'신분과 자유' 그리고 '평등'이라는 개념에서 보면 진일보된
사회현상이었다. 그러나 전근대의 천민 계급에 속한 다양한
부류 중에서도 관기들은 당대 최고의 문화예술을 향유하던
특수한 계층이었다. 상대적으로 노비에 속했던 관아의 여자
비婢들은 물긷는 일, 빨래와 옷감을 준비하는 일, 음식 준비
하는 일로 역을 수행했다.[42] 이에 반해 교방에 소속된 관기들
은 춤과 노래, 악기 등의 예술적 기량을 연마하는 일 이외 다
른 일은 하지 않았다. 관기는 천민이었으나 국가적으로 특별

히 관리하는 전문예술인이자, 직업인으로 볼 수 있다. 관기들은 일정 금액의 급여를 받았다. 노비 계층이 역에 대한 보수로 곡식이나 천을 받았던 것과 비교된다. 관기 해체는 국가적인 전문 예술교육 시스템이 무너지는 것을 의미한다. 더 이상 국가가 책임지고 관기를 양성하지 않게 된 것이다.

근대 갑오개혁으로 천민 신분은 모두 사라졌다. 그러나 한 번 기생이었던 사람은 영원한 꼬리표가 따라붙어서 관습적으로 없애려고 하지 않았다. 문학과 예술에 수준 높은 기량을 가진 관기는 사라졌다. 근대의 기생은 점점 그 의미를 잃어가고 있었다. 궁중이나 교방 관기의 예술은 국가적인 행사의 의식으로써 존재했다. 그러나 관기가 해체된 이후 기생의 신분은 다양하게 분화되었다.

최순이와 같이 교방의 정식 교육을 받아 선상기 지위까지 올라간 경우도 있다. 그러나 교방의 교육을 받지 않고 단기간 노래와 춤을 습득하여 요리점과 잔칫집에 가서 연희를 하는 경우도 발생했다. 그러다 보니 전통적인 기妓는 관기를 의미하는 것이었지만 이제 그 구분이 모호해지기 시작했다. 그 결과 기생 앞에 수식어가 붙기 시작했는데, 소위 '갑종 기생', '을종 기생'과 같은 말이다. 을종 기생은 가무악의 능력을 제대로 갖추지 못한 기생을 의미한다. 또 '삼패三牌'란 용어가 등장했는데 삼패는 가무에 대한 재주가 전혀 없고 외모만으로 연회에 나가는 사람을 칭한다. 그 결과 춤과 노래에 전문적인 예능을 갖춘 기생을 뜻하는 말로 '예기藝妓'라는 말이 등장하게 된 것이다. 이는 곧 '기생'의 본뜻과 정체성이 퇴색하고 있음을 의미한다. 그동안 나라에서 인정하던 공식적인 '관기'는 사라지고 조선의 기생만이 존재하게 되었다. 이때부터 기생은 식민지 지배계층의 시각이 투영된 단어로 탈바꿈했다.

급기야 일본 경시청은 1908년 9월 15일에 「기생 및 창기 단속시행령」을 시행했다. 이제 기생으로 활동하기 위해서는 일종의 '기생 허가증'을 발급받아야만 된다. 허가증이 없는 기생은 어떠한 활동도 할 수 없었다. 교방이 해체됨으로 인해 관기는 더 이상 존재하지 않게 되었고, 오로지 '기생'과 '창기'라는 명칭으로 구분했다.

구심점을 잃은 관기들이 선택할 수 있는 길은 많지 않았다. 신분제에서 자본주의로 전환되는 시기에 '기생'이라는 특수한 계층이 선택했던 것은 바로 '기생조합'이었다. 기생들 스스로 협동하여 조합을 만들기 시작한 것이다. 그런데 기생조합은 전근대의 기생들과 같이 국가나 후원자들의 경제적 지원을 받지는 않았다. 조합에서 자체적으로 경비를 만들어 운영해야 하는 형태였다.[43]

기생조합은 1907년 궁중의 관기가 해체되기 시작하면서 경성을 중심으로 점차 지방으로 확대되었다. 1909년 '한성기생조합소'가 만들어졌다. 그리고 경기京妓를 중심으로 광교廣嬌에서 '광교조합'이 만들어졌다. 광교 기생들은 기생 서방이 있는 유부기有夫妓들이 모여 설립했다 하여 유부기조합이라 불렀다. 반면 하규일은 무부기들의 지방 기생들인 향기鄕妓를 중심으로 다동에서 '다동조합'을 1913년에 설립했다.

전통적으로 교방의 관기들은 관아에 부역을 담당하는 자로 남편을 둘 수 없는 처지였다. 이 제도는 조선 중기까지 잘 유지되었다. 그러나 조선 중기 이후 청과 일본과의 두 번의 전쟁 끝에 양민들의 생활은 최악으로 치닫고 있었다. 나라의 살림살이도 이미 백성에게 나누어 줄 것이 없었다. 기강이 해이해지자 기생들은 자신들의 경제적 후원을 해줄 사람을 두게 되었는데 이를 '기생서방'이라 했다.

기생서방이 되는 자격은 "대궐 각전殿의 별감別監·포도군관捕盜軍官·정원사령政院使令·금부나장禁府羅將·궁가宮家의 청지기 및 무사武士들이었다. 그런데 대원군이 명령을 내려 기생서방은 오직 창기娼妓에게만 허락했고, 관기는 기생서방을 두는 것을 허락하지 않았다."[44]

이러한 풍습이 근대에까지 이어져 기생이 서방을 두는 경우는 '유부기有夫妓'라 하고 서방을 두지 않는 경우는 '무부기無夫妓'라 불렀다. 상대적으로 무부기는 경제적으로 능력이 있는 기생들이었다. 조선시대 교방에 소속된 관기 이외에 개인적으로 기방妓房을 열어 일반인을 상대로 술과 음식을 파는 형태가 존재했다. 기방 또는 청루靑樓라 일컫는 곳을 돌아다니며 호탕한 성격의 남자를 세속에서 '외입장外入匠' 또는 '왈짜'라 일컬었다.

이렇게 기생집 출입을 업으로 삼는 자들이 생겨나기 시작하자 서울 기생집의 습속이 생겨났다고 한다. 왈짜들이 기생과 어울릴 때 실언을 하면 실언한 사람을 자리에 말아 거꾸로 세우는데 잘못하면 죽기도 했다고 한다. 외입장이 격식이 『악부』[45]에 소개된 내용으로 '기생집 들어가는 격식', '처음 나온 기생 말 묻는 격식' 등에 대한 것들이 있다.[46]

기생집 들어가는 격식

바깥손님: 들어가자.

안손님: 두로-

안손님이 없고 하인만 있으면 "두롭시오"라고 한다.

바깥손님: 평안호?

안손님: 평안호?

바깥손님: 무사한가?

기생: 평안합시오?

바깥손님이 중치막 앞자락을 떡 해치고 앉아서 담뱃대를 딱 딱 털어서 좋은 담배 하대를 붙인 후

바깥손님: 좌중에 통할 말 있소.

안손님: 네. 무슨 말이오?

바깥손님: 주인 기생 소리 들읍시다.

안손님: 좋은 말이오. 같이 들읍시다.

바깥손님: 여보게.

기생: 네.

기생이 시조 한 장 부르고 나면,

안손님: 시조 청한 친구한테 통할 말 있소.

바깥손님: 네, 무슨 말이오.

안손님: 나머지 시조는 두었다 듣는 청 좀 합시다.

바깥손님: 청 듣다뿐이오.

안손님: 여보게.

기생: 네.

안손님: 시조 삼 장을 다 듣겠더니 친구가 청을 하시니 나머지 시조는 이담에 나오거든 하라기 전에 하랬다.

기생: 네.

객: 수고했네.

바깥손님이 담배 먹던 것을 털고 한 대를 붙여서.

바깥손님: 주인 사람 담배 메기오.

하며 준 후에 안손님 하고 다른 말은 책망 들을까봐 별량 없

고, 혹 기생을 데리고 실없는 말을 하되

바깥손님: 그동안 더 예뻤구나. 누가 핥아주지.

이런 희롱을 몇 마디 하다가 나올 때 일어서 돌아서며

바깥손님: 안손님에게 뵙시다.

기생에게는 "보세"

안손님이나 기생이 대답을 하든지 말든지 이처럼 인사하고

나온다.[47]

　이러한 서울 기생방의 법도는 일제 침략이 시작되고 사라

졌다. 일제는 새로운 기생의 규율과 규칙들을 하나둘씩 만들

어 갔다.

　　　　최순이가 진주로 내려갈 무렵 반대로 서울에

있는 기생조합에 들어가기 위해 상경하는 지방 기생들이 많

았다. 기생으로 이름을 알리기 위해, 또는 경제적 이유 등으

로 모두 서울로 올라가고 있었다. 그중에는 진주 출신의 기

생 문롱월文弄月이 있었다. 문롱월은 최순이와 비슷한 또래이

다.

문롱월은 『조선미인보감』에 나이 21세로 원적原籍이 경상남도 진주군으로 기록되었다. 얼굴은 갸름하고 콧날은 오똑하며 목소리는 청아했다고 한다. 시조와 입춤에 소질이 있고 경성잡가가 장기였다. 금년에 수원조합의 기생이 되었다고 했다.

이난향李蘭香. 1900~1979은 평양 출신으로 본명이 이선비李仙妃이다. 대정권번 소속 기생 중에 가장 인기 있는 기생이었다. 이난향은 평양에서 1남 3녀 중 막내딸로 태어났다. 좌수座首 벼슬을 했던 부친이 있어 초기에는 집안 살림이 넉넉했다. 그러나 물산 객주업을 하다 실패함으로써 집안이 기울었다. 오빠와 언니들이 모두 결혼한 다음 어머니는 이난향이 12살 되었을 때 기생양성소인 평양의 이름난 '노래 서재'에 보내게 되었다. 노래 서재에 나가던 첫날 선생은 이난향의 손을 잡고 '경 소용'이라는 말을 했는데, 그것은 '서울에서 쓸모 있는 몸'이란 뜻이었다. 평양에는 이난향이 다닌 노래 서재 외에 남자 선생이 가르치는 노래 서재도 한 곳 있었다. 두 곳의 노래 서재에서 배우는 여자아이들이 40~50명 정도였다. 노래 서재에는 1년 남짓 다니면서 우조·계면·가사·시조 등을 배웠다. 이미 자신도 모르는 사이에 '난향'이라는 기명을 얻게 되었다.

이난향은 13세인 1912년에 서울로 상경했다. 어린 탓으로

일제강점기 엽서의 모습.
정재무 복장을 한 기생이다. 오른쪽에서 두 번째가 이난향이다.

어른의 반밖에 안 되는 1원 55전을 내고 기차에 탔다. 서울에 도착한 이난향은 인력거를 타고 청진동 어떤 큰집에 머무르게 되었다. 이곳에서 주산월·명옥·취홍 등 10여 명의 서도 기생들을 만나게 되었다. 그 당시 나이 많은 선배들은 손님이 부르면 돈벌이를 하러 나갔지만 당시 어렸던 이난향은 당분간 온종일 노는 것이 일과였다.

그러던 어느 날 천일마로 이름난 송병준 백작 집을 향해 인력거를 타고 가다가 진고개 근방에서 갑자기 머리를 숙이라는 소리를 듣고 놀랐다. 얼떨결에 처음으로 임금님의 행차가 지나가는 것을 보았다.

이난향은 첫 연회석에 나갈 때 설레던 기분을 잊을 수가 없었다. 오른손을 왼쪽 겨드랑이에 대고 왼손을 땅에 짚고 앉으면서 "안녕 합쇼"하고 길게 문안 인사를 드리고 앉았다. 이날 송 백작 집 연석에서 그동안 다듬은 노래와 춤을 보여줬고 끝났을 때 송 백작이 수고했다면서 과자 상자를 주었다. 이난향은 송 백작에게 "고맙습니다"라고 했는데 주산월 선배는 "황송합니다"로 해야 한다고 일러줬다는 조그마한 실수도 기록되어 있다.

이난향을 비롯해 모두 진연을 하기 위해 서울에 온 기생들이었으나 진연 소식은 캄캄하기만 했다. 이난향 일행은 다동에 있는 큰 기와집이 집은 송병준의 소유였다.에 옮겨 기생조합 권번 등에 소속하면서 정악전습소에 나가 노래와 춤을 배우기 시작했다. 정악전습소는 지금 중앙청 앞 정부 종합청사 자리에 있었다. 그때는 낮은 기와집들이 경복궁 앞에 즐비하게 늘어 있어 거리가 어둠침침했다.

그럭저럭 한해를 넘겼을 때 진연이 곧 열린다는 소식이 다시 전해졌고, 봉상시에 나가 〈정자춤〉, 〈선유가〉 등 진연 준비에 열중했다. 이때 나라에서 화관 몽두리와 연두색 치마저고리 등 의복 일습을 내려주었다. 이처럼 3개월 동안 맹연습을 했으나 진연으로 순종이 옛일을 다시 되새길 것을 두려워한 일본의 반대로 중지되었다. 그러나 요행히 다음 해 간소

한 진연이 열리게 됐다.[48]

　이난향이 머물렀다는 서울 청진동 큰집은 지방에서 올라온 기생들을 위해 숙식을 해결해주는 임시거처인 듯하다. 그다음 다동에 있는 송병준 소유의 큰 기와집으로 거처를 옮겼는데, 이곳 역시 기생들을 사적으로 후원하던 곳인 것 같다.

　이난향은 하규일이 운영하는 다동기생조합에서 1년간 궁중 진연을 위한 춤과 노래를 연습했다. 그러나 3개월간 연습한 진연은 일본에 의해 무산되었다. 다음 해인 1915년 간소한 진연은 열렸다. 그런데 진연의 내용이 전통적인 궁중정재의 내용이 아니었다. 처음에는 남도의 〈춘향가〉를 부르라는 요구가 있었는데, 과거 궁중 진연에서는 민간에서 부르는 춘향가와 같은 노래를 부르지 않았다. 결국 교섭 끝에 기생 11명은 남자 복장을 하고 아전 역할을 하는 잡극에 참석했다. 이난향은 관사 두루마기에 갓을 쓰고 그들이 노상 부르는 '쉬-', '아뢰오' 소리를 흉내 내면서 있노라니 머리와 다리가 아팠다. 이난향이 참가한 진연의 내용은 거의 잡희에 가까운 놀이에 불과했다. 순종은 옥두루마기에 여송연을 들고 용상에 앉아 있었는데 기생들의 눈에도 한없이 가엾게 보였다.

기생과 명월관

　　　　　　기생조합을 통해 많은 기생들이
양성되고 동시에 유명 요리점들이 인기리에 번창하게 되었
다. 기생조합과 요리점은 전략적 파트너의 관계였던 셈이다.
서울에는 명월관·국일관·식도원 등이 유명세를 타고 있었다.
바로 궁중의 임금님 앞에서 각종 춤을 추고 노래를 하는 기
품 있는 기생이 출연했기 때문이다. 명월관은 점잖은 손님,
국일관은 장사하는 신흥 부호, 식도원은 일본 사람과 관공서
손님으로 대강 구별되었다. 그러나 1929년 이후 일본이 한
국을 점령한지 20주년을 기념하는 조선박람회가 경복궁에서
열리게 된 후 이와 같은 구분은 사라졌다.

　명월관에 출입했던 기생들 중 최고의 인기를 누리던 기생은
이난향이었다. 명월관은 우리나라에서 가장 먼저 문을 연 요
릿집으로 청풍명월에서 따온 이름이다. 이난향이 서울에 와
서 처음으로 명월관을 본 것이 1913년, 13세 때였다. 그때
명월관은 황토 마루 네거리황토 현, 지금의 세종로 동아일보사
자리에 있었다. 회색빛 2층 양옥으로 된 명월관은 울타리가
없었고 대문은 서쪽으로 나 있었다. 2층에는 귀한 손님들,
아래층에는 일반손님을 모시는 것이 상례였으나 꼭 그와 같
이 지켜지는 것은 아니었다. 매실이란 이름을 가진 특실의 방
이 하나 있어 아주 귀한 손님이나 그윽한 곳을 찾는 사람들

1930년대 명월관의 모습.
6.25전쟁 때 북한군의 사무실로 사용되다가 철수 당시 불태워졌다.

에게 제공되었다. 아래층은 온돌이었으나 2층은 마룻바닥에 일부는 양탄자, 일부는 돗짚자리다다미를 깔았고 겨울에는 숯불을 피운 화로를 방 가운데 두었다.

처음 명월관 주인은 안순환 씨. 그는 지금부터 61년 전인 1909년 명월관을 열었다. 안 씨는 원래 상인이 아니었다. 안순환은 궁중 연향 음식의 최고 책임자인 전선사장典膳司長인 정삼품의 벼슬로 최고의 궁중요리 전문가였다. 그는 순종을 모시고 창덕궁에 있을 때 이미 허수아비나 다름없는 순종과 일인들의 간섭이 너무나 심한데 분통이 터져 사표를 내고 벼슬을 그만두었다는 것이다.

안 씨는 명월관을 개업하여 궁중 요리를 일반인에게 공개하게 되었고, 술은 궁중 나인 출신인 '분이'가 담그는 술을 대 쓰는 바람에 인기를 끌기 시작했다. '분이'의 성명은 잘 모르나 그 무렵 그의 술 만드는 솜씨는 상류사회에서 널리 알려져 있을 만큼 이름났다. 처음에는 약주·소주 등을 팔았지만 나중에는 맥주와 정종 등 일본 술을 팔았다.

이 무렵 융희 3년1909에 관기 제도가 없어짐에 따라 지방과 궁중의 각종 기생들이 발붙일 곳을 찾아 서울로 모여들기 시작했다. 명월관에는 수많은 기생 중에서도 어전에 나가 춤과 노래를 불렀던 궁중 기생과 인물이나 성품 및 재주가 뛰어난 명기들이 많이 모여들어 자연히 장사도 잘되고 장안의 명사와 갑부들이 모여들어 일류 사교장이 되었다.

초기의 명월관 손님은 판서, 참판 급의 대감과 친일파 앞잡이 등 거물 위주였으나 세월의 흐름에 따라 이들 자제가 모습을 나타냈고, 그 뒤에는 동경 유학생·문인·언론인·신흥 부호들이 자주 드나들었다. 또 외국에서 잠입한 애국지사들이 왜경의 눈을 피하기 위해 밀담 장소로 이용하는 곳이 되기도 했다. 그러나 명월관 최고의 영예는 명월관 분점이었던 순화궁·태화관에서 33인이 기미 독립선언이 있었던 일이다. 명월

관의 주인이었던 안 사장도 명월관 덕택에 거부가 되었으나 훗날 친일행각을 벌인다.[49]

그 후 명월관은 현재 종로3가 '피가디리' 극장 자리에 옮겨 졌고 주인 또한 이종구 씨로 바뀌었다. 각계각층 명사의 발길과 꽃다운 명기들의 치맛자락이 끊이지 않았던 명월관은 6.25전쟁 때까지 요리 업계의 왕자로 군림해 왔으나 괴뢰군들이 서울을 버리고 후퇴할 때 불살라 버려 사라지고 말았다.

명월관이 한참 인기가 있을 때 "땅을 팔아서라도 명월관 기생노래를 들으며 취해 봤으면 여한이 없겠다."라는 시중의 농담을 낳게 했고 시골에는 명월관을 본뜬 조그마한 명월관이 도처에 간판을 내걸기도 했다. 매일 밤 명월관 현관에는 기생들의 신발이 그득히 있었다. 그때 기생의 신은 가죽 위에 비단을 입힌 비단신이었는데 무늬가 곱고 색깔이 여러 가지였다. 명월관 '보이'들은 기생들이 신고 온 신발을 서방님이 있는 유부기와 서방이 없는 무부기로 구별하여 현관에 나란히 갈라놓아 들어오는 손님에게 손님이 어느 정도 왔으며 누가 왔는지 대강 짐작하게끔 했다.

명월관이 대감들의 놀이터로부터 시작하여 친일파들이 거들먹거리며 돈 쓰는 곳으로, 다시 나라를 빼앗기고 출셋길이 막힌 양반집 자손들이 울분을 달래는 장소로, 돈보다도 신문

화에 매력을 느낀 기생과 유학생·언론인·문인과의 로맨스가
엮어지는 은밀한 장소로, 다시 우국지사들의 밀담이 오가는
숨 막히는 곳으로 성격이 변해 감에 따라 손님의 질은 달라
졌지만 손님의 양은 날이 갈수록 불어나 성시를 이루었다.

명월관이 붐비자 서울 장안에는 곳곳에 요릿집이 생겨나기
시작했다. 봉천관·영흥관·혜천관·세심관·장춘관 등이 있었고
일본인들이 많이 모여 사는 남촌에는 일본 요릿집도 생겨났
다. 특히 화신동에 있었던 화일은 창덕궁에서 일어나는 순종
의 일거수 일동을 궁중에 있는 친일 매국노가 매일매일 왜경
에 고자질해 바치는 곳이라고 뜻 있는 사람들은 그쪽에 발길
을 돌리기조차 싫어했었다.

명월관은 명사와 한량들에게 장소와 푸짐한 음식을 대접하
여 성공할 것 같았다. 그러나 안순환은 망하고 그의 자손에
대한 소식도 전해지지 않고 있다. 이난향이 주위 친구들의
말을 들기로는 안 씨의 자부가 시내 어느 버스정류장에서 광
주리에 물건을 담아 파는 것을 봤다고 한다.[50]

궁중 최고의 요리사 안순환은 명월관을 일제강점기 지도층
인사들이 드나드는 사교의 장소로 만들어 화려한 명성을 유
지했다. 그는 정치력을 동원해 잘나가는 창업가로 거듭났다.
마치 유유자적 노니는 기생의 춤사위와 노랫가락도, 명월관
의 흥망도 저물어가는 조선의 국운처럼 그렇게 사라져 갔다.

최고의 전성기를 누리던 명월관의 운명이 다해갈 즈음 시골에서 돈깨나 있다는 사람들은 모두 박람회 구경에 나섰고, 서울에 온 김에 말로만 듣던 명월관을 찾아 기생들과 함께 술을 마셔보리라는 것이 이들의 생각이었다. 밤낮을 가리지 않고 명월관을 찾아드니 점잖은 손님은 끊어지고 시골 부자들 판이 되고 말았다. 이 바람에 명월관 기생 중에는 공부해서 가정을 꾸미거나 신여성처럼 살아야겠다는 생각을 갖게 된 사람도 생겨나기 시작했다. 남도 출신 정금죽, 서도 출신 김금도 등이 제일 처음 일본 유학을 떠났다. 또한 사각모자를 쓴 유학생과 연애에 빠져 이루지 못할 사랑에 청춘을 불태우다 정사하는 소동이 벌어지기도 했다.[51]

대충 1930년대의 전후라고 할까. 하루는 양복쟁이 신사들이 그득한 연석에 모르는 사람이 한 분 나타났다. 옥양목 두루마기에 도리우찌지금의 헌팅캡 모자를 썼고, 신발은 자동차 '타이어' 속으로 만든 경제화를 신고 있었다. 어느 모로 보나 좌석의 손님들과는 어울릴 옷차림이 아니었기 때문에 이난향은 방을 잘못 들어오는 것이라고 짐작했다. 그러나 좌중에 계신 손님들이 모두 일어나 정중하게 대접하는 것을 보고 이상하게 생각했는데 그분이 바로 육당 최남선 선생이었다. 육당 선생께서는 별로 말씀이 없었으나 기생 백운선의 〈영변가〉를 좋아하셨고, 음성은 쇳소리였다. 이난향이 육당 선생의 첫인

「경성 명월관 특1호 무대」, 1926년 이후 경성 히노데상점이 발행한 『명월관어회엽서(明月館御繪葉書)』
세트 중 한 장, 국립민속박물관.
명월관 무대에서 기생들이 치마와 저고리 차림으로 민속춤을 추고 있다.

『조선미인기생(朝鮮美人妓生)』 7매.
일제강점기 발행 원색판 조선 풍속 사진 엽서.

상에 대해 '복덕방 목침' 같다고 손님들에게 말했더니 그 후 이 말은 육당 선생님의 별명처럼 돼버렸다.

춘원 이광수 선생은 얼굴색이 유난히 빨간 것이 인상에 남았다. 수주 변영노 선생은 그때부터 술을 많이 들었는데 기생 김금련의 노래를 무척 좋아했다. 수주 변영노 씨는 술을 많이 드셨고 우리들에게 그의 시 〈논개〉이야기를 들려주는 등 다정다감한 분이었다. 영국에서 유학하고 돌아온 장택상 씨는 거액의 수표책을 들고 다니던 영국신사 모습이었고, 청전·이상범·심선·우수현 등 화백도 더러 오셨는데 청전 화백은 술이 취하면 그림을 즉석에서 그리기도 했고 명필로 이름 높았던 송영기는 붓을 입에 물고 기생 치마폭에 시를 쓰기도 했다.

1932년 중외일보 사회부장이시던 김팔봉 선생께서는 뜻밖의 빈객을 맞게 되었다. 그때 동남아순회 특별취재를 맡았던 미국 뉴욕 타임즈 특파원 일행 4명이 우리나라에 온다는 소식이었다. 팔봉 선생께서는 곧 명월관에 1인당 15원짜리 최고급 요릿상을 주문했다. 그러나 명월관 측 대답은 그와 같은 고급 상은 일찌기 만들어 본 일이 없다는 대답이었다. 하는 수 없이 10원짜리로 만들어달라고 주문했으나 명월관이 갖고 있는 산해진미와 기술을 총동원해도 10원짜리 상을 만들 수는 없다는 대답에 최고급 요리는 결국 7원짜리로 낙착

되었다. 팔봉 선생은 당시 동아일보의 주요한, 조선일보의 이관구 등과 함께 이들 특파원 4명을 명월관에서 맞았다. 지금 생각해도 그때 장사하는 사람들은 요즘처럼 요릿값을 먹지 않은 것까지 포함해서 바가지 씌우는 일은 없었다.

언론인 중에서 납북된 정인익은 육자배기를 멋들어지게 불렀고 그 당시 사회부 기자였던 서범석씨는 '댄스'를 잘 추었다. 김팔봉 선생은 술만 취하면 그 자리에 잠드는 습관이 있었는데 친구분들이 깨우지 않으면 다음 날 아침 그 자리에서 깨어나 출근하기로 했다.

언론계 인사치고 명월관에 드나들지 않은 사람이 거의 없었는데 이것은 명월관에 장춘각이라는 그윽한 특실이 있었고 2층은 피로연을 할 수 있는 큰 '홀'이 있기 때문이며, 그보다는 외상이 후하고 외상값 독촉을 심하게 하지 않은 때문도 있었던 것 같다.

이 무렵 술 마시는 풍습은 주로 요릿집에서 1차를 하고 에인젤 낙원회관, 퀸 등 카페와 바에서 2차를 하는 것이었다. 카페와 바에는 지금처럼 호스테스가 흔하지 않았다. 여흥이 도도한 일부는 콜택시를 불러 1원~2원만 주면 한강변이나 근처의 절간에 드라이브하기도 했다. 주로 찾는 곳은 동대문 밖 개운사·우이동·화계사·청량리 청량사·탑골승방 등이었다.[52]

명월관뿐만 아니라 이를 본뜬 경성의 유명 요리점들은 극장식 무대를 설치하여 음식과 기생의 가무를 함께 즐길 수 있는 상품을 통해 마케팅을 했다. 경성 요리점의 부흥과 함께 지방에도 기생이 출연하는 요리점들이 문전성시를 이루기 시작했다. 이와 함께 인기 있는 기생들은 경제적으로 상당한 수익을 올리기도 했다. 덩달아 요리점의 기세도 등등했다. 기생들의 주 수입원을 제공하는 장소였기 때문이다. 예나 지금이나 갑과 을의 관계는 여전히 존재하고 있었다. 요리점 수입 이외에 기생들은 개인적으로 연회에 초청되어 부수입을 올리기도 했다.

심지어 서울의 다동기생조합에는 매년 조합창립기념일에 기념총회를 열어서 일년 동안 요리점에서 수입을 많이 올린 기생에게 포상을 주기도 했다. 연주회에 청인복색을 하고 서양춤을 춘다는 주학선鶴仙이가 일 년 동안에 요리점 수입으로 2,280원을 벌어서 일등을 차지했다. 상품으로는 금시계를 받았다. 이등에는 민충정공의 아들 민범식이가 수천 금으로 낙점시켜 갔다는 리산호주珊瑚株가 1,800원을 벌었고, 3등에는 김계홍桂紅이가 1,280원을 벌었고 7등까지 상금을 탄 기생은 모두 천여 원을 벌었다. 당시 중추원 고문들이 한 달에 133원 33전이라는 수당을 받는데 이보다 60여 원이 더 많은 수익이었다. 기생의 수입이 재상보다 많다 하여 '기생실업가'

라는 말도 생겨났다.[53] 보통의 기생들도 월평균 1백 원 이상을 벌었다. 쌀 한 가마에 2~3원 하던 시절이었다. 위세 높던 도지사의 월급을 웃돌았다.

일제강점기 진주 중심가에 등록된 요릿집은 망월 일출정東성동, 다꼬히라 일출정東성동, 경과更科 영정대안동, 도정都亭 영정대안동, 키요미 영정대안동, 진주관 영정대안동, 금곡원 영정대안동, 오림픽 행정중안동, 등아登雅원 행정중안동, 옹아헌 행정중안동, 경성관 앵정장대동, 분양汾陽관 앵정장대동, 오타후꾸 앵정장대동, 연승관 앵정장대동, 군현관 앵정장대동, 견흥관 본정본성동이었다.

1920년대까지 진주는 일본식 지명을 사용하고 있었다. 요릿집은 동성동, 대안동, 중안동, 장대동, 본성동에 집중되어 있었다. 이곳은 진주성의 외곽을 둘러싼 중심가이다. 요릿집의 번창은 기생조합의 기생 수와도 연관이 된다. 대부분의 요릿집에는 기생이 파견되어 가무를 제공하는 형식이었기 때문이다. 이렇게 서울은 물론 진주에도 유명 요리점들이 성황을 누리고 있을 때였다.

요리점 영업이 성공을 거두자 자동차, 인력거는 거의 요리점에 손님과 기생을 실어 나르기 위해 준비된 것 같았다. 요릿집은 그들을 중심으로 하여 영업을 계속하고 옷감, 도구, 화장품, 은금보배 같은 사치품 장사는 기생들이 주 소비층이었다.

예기조합, 스승의 길로

최순이 정도의 외모와 가무의 실력을 갖춘 선상
기였다면 진주의 요리점으로써는 아주 비싼 화대를 주고 초
청할 수 있는 자격이었을 것이다. 그러나 최순이는 요리점의
연회에 나가는 것을 선택하지 않았다. 시대의 흐름에 따라
아주 자연스럽게 기생이 설 수 있는 무대는 유흥과 소비의
장소로 이동하고 있었다.

진주에 돌아온 최순이는 동기 기생들이 요리점에 나가 경
제활동을 하는 것에 대해 이해할 수밖에 없었다. 그들 중에
는 가정형편이 어려워 생계를 책임져야 하는 상황에 내몰린
기생도 있었기 때문이다. 그렇지만 최순이는 왕 앞에서 춤을
추던 선상기로서의 자부심을 지니고 있었다. 왕과 나라가 사
라졌지만 그것을 대신할 만한 '가치'와 '정체성'을 찾는 것이
필요했다. 바로 후학들에게 춤과 노래를 가르치는 '교육'을
선택했다. 자신이 교방과 궁중에서 배웠던 격식을 갖춘 조선
의 가무를 제대로 가르치고 싶었다.

선상기 출신이었던 최순이는 소위 잘나가는 요리점에 나가
는 대신 후진을 양성하는 쪽을 택했다. 진주에서 자신이 주
체적으로 할 수 있는 일을 찾아보기를 원했다.

교방에서 나온 관기들은 당장 모임을 가질 장소를 찾아보

왔다. 교방을 비롯한 모든 관아의 건물들은 일제가 식민 통치의 중요 기관으로 용도를 변경하여 사용하고 있었다. 그러던 차에 진주에 유일하게 기생들만을 위한 장소가 있었다. 바로 '모의당'이다. 모의당은 논개의 사당인 의기사義妓祠를 지키고 제례를 준비하기 위한 장소였다. 의기사는 진주 관기였던 논개의 신위를 모신 사당이었지만 사당 안은 제례를 준비하기에는 너무 좁은 공간이었다. 그래서 진주 관기들은 모의당이라는 장소를 통해 중요한 안건을 의논했다. 자연스럽게 진주 기생들은 모의당으로 하나둘씩 모여들기 시작했다.

사실 모의당은 진주 기생 중에서도 특별한 조직이 사용하던 공간이었는데, '의기창렬회義妓彰烈會'라는 조직이다. 의기창렬회가 정확히 언제 창설되었는지는 알려지지 않았으나 1910년 이전부터 활동한 것으로 추측된다. 그 이유는 진주 관아에서는 매년 음력 6월 29일 창렬사에서 제사를 지내고, 대개 다음날 논개의 영혼을 기리는 제사를 지낸다. 그런데 창렬사 제사는 관청에서 지내는데 의기사 제례는 관여를 하지 않고 기생들에게 맡겨 두었다. 이러한 이유로 진주 기생들은 '의기창렬회'라는 조직을 만들었고, 이후 논개의 제사는 창렬회에서 주관하게 되었다.

모의당을 거점으로 창렬회 회원들은 진주 기생조합 설립에 대해 의논했다. 때마침 선상기로 활동하다가 진주로 내려온 최순이에게도 이 소식이 전해졌다. 모의당에 찾아온 최순이를 맞이한 교방의 관기들은 기생조합을 함께 설립할 것을 권유했다. 이미 진주 교방에서는 최순이가 선상기가 되어 궁에 올라가게 된 이야기를 익히 알고 있었다. 최순이는 혈혈단신으로 어린 나이에 궁으로 올라가 생활하여 이미 넓은 세계를 경험했다. 진주 기생들 사이에서 최순이는 이미 동경의 대상이 되어 있었다. 구심점이 없던 기생들에게 누군가는 지도자가 되어야만 했다.

최순이는 다시 목표가 생기기 시작했다. 선상기로써 화려한 꿈을 꾸고 임금님 앞에서 춤을 추는 무대는 이제 없다. 최순이가 궁에서 추던 춤은 존경과 예식을 의미하는 것이었다면 이제는 대중들이 즐길 수 있는 춤으로 알려야겠다는 생각을 했다. 그래서 최순이는 더 많은 제자를 양성해서 몸이 기억하고 있는 춤과 노래를 전파하기로 결심했다.

선상기로 최고의 실력을 갖춘 당시 22세의 최순이는 기생조합의 춤 선생으로 초빙되었다. 관기들은 궁중 잔치에 춤과 노래를 하는 선상기로 뽑히는 것이 가장 큰 소망이었다. 그러므로 선상기 출신 최순이는 기생조합의 학생들에게 선망의 대상으로 진주에 알려지게 되었다.

최순이는 기생조합에서 학생들을 가르치는 일을 선택했다. 그녀 나의 고작 22살이었다. 22살이면 한창 가무의 실력이 향상하고 있을 때다. 최순이는 먼 미래를 예감했던 것일까? 가르치는 것으로 자신의 삶을 다하고 무형문화재의 가치 있는 씨앗을 뿌리리라는 것을 말이다. 진주 기생조합은 '예기조합藝妓組合'이라 불리었다. 그 이유는 진주 교방의 전통을 잇는 가무를 계승하고 최순이와 같은 정통 교방의 관기 출신이 선생님으로 있었기 때문이다.

1913년 5월 15일 매일신보 기사에 실린 내용에 의하면 '리난쥬, 명매, 향강, 벽도, 박충경, 청춘운 등의 기생이 힘을 모아 조합을 설립하는데, 취지와 일정한 규모를 정하는 발표문을 통해 자본을 모을 기부자를 다수 청하기로 하였다. 이에 진주 경찰서에서도 극히 찬성하였고 신사들도 기부를 하였다'라는 내용이 실렸다.

그런가 하면 1914년 3월 12일 기사 내용에는 "기생 금련이가 진주의 가무음률을 아는 기생이 없음을 개탄하여 기생조합을 설립"하였다는 내용이 있다.

진주 기생조합은 1913년 5월 15일에 설립되었고. 그 주축은 금련을 비롯한 여러 명의 진주 기생들이었다. 이때 기생조합의 율객이자 악기의 스승으로 김창조를 초빙하였다. 1914년 진주 기생조합의 졸업식이 있었다. 김창조로 수업을 받은 기생들은 가야금에는 김기연金琪淵과 명월明月이요, 양금에는 계선桂仙, 영옥, 해월海月 등 다수의 기생이 차례로 학습했다.

놀음을 나가다

기생조합에서 학습을 마친 기생은 잔치나 요리점에 나가 가무를 공연했는데 이를 '놀음'을 나간다고 했다. 최순이로부터 시조와 춤을 배운 기생들은 모두 놀음을 나갈 수 있었다. 형편이 어려운 가정집에서는 딸을 권번에 보내기도 했고, 어려운 가정형편을 생각하여 스스로 권번에 입적한 딸들도 있었다. 또 자매가 권번에 들어가면 따라서 들어가는 경우도 많았다.

기녀들은 지방 유지의 환갑잔치나 일본인의 관청 행사에 주로 나가곤 했다. 수고료는 일을 하고 난 후 표로 받아 나중에 조합에서 월마다 계산해 주는 식이었다. 보통 하룻저녁 놀음에 개인당 50원 정도 수고비를 받았다. 최순이의 제자 이윤례는 1년 수입 총액을 계산해서 조합 내의 1등을 차지한 적도 있었다. 기생조합에 놀음 요청이 들어오면 조합 측이 이를 각 개인에게 연락해서 적절한 인원을 내보냈다.

권번에서 놀음을 나갈 때는 지휘장에 해당하는 사람이 있어 그의 지도를 받았다. 관청행사나 회갑 잔치 같은 것으로 권번에 요청이 들어오면 특정 기녀들을 지정해서 연락하고 표를 전해주었다. 그러면 놀음을 가는 당일에 인력거가 시간을 맞추어 기녀들의 집에 당도했다.

Daucing, Korean Singer　舞ノ妓官 (韓國)

근대의 관기 두 명이 야외에서 검무를 추고 있는 모습이다.

　공연 후의 화대*는 시간을 따져서 결정되었는데 시간과 액수가 적힌 표를 받아서 권번으로 보내면 권번에서는 그것을 게시하여 보관했다가 15일이나 30일 간격으로 기녀들 개인에게 계산하여 배당했다. 놀음 나가는 기녀들을 선택하는 것은 손님 측이 구체적으로 특정 기녀를 지목해서 이루어지는 경우가 있고, 또 권번 측이 형편이 어려운 기녀들을 우선적으

---

*　과거에 연향에서 가무를 끝낸 관기에게 상으로 비단을 머리에 얹어 주었는데 이를 '전두(纏頭)'라 했다. 이후 전두는 기녀들에게 상으로 주는 모든 재물을 뜻하는 말로 사용되었다. 그러다가 근대 일제강점기 권번의 기생이 요리점에서 연회를 베풀고 받는 돈을 '화대(花代)'라는 말로 부르기 시작했다. 이는 기생을 꽃에 비유하여 이름한 것이다.

로 보내는 경우도 있었다. 대체로 미모와 기예에 따라 그 인기가 좌우되며 기녀들의 수입도 결정되었다.

화초 기생과 기예 기생은 대우에서부터 뚜렷이 구별되어 있었다. 놀음의 요청은 한 달 전에 미리 예약하게 되어 있었는데 기녀들은 여기저기 공연해줄 시간을 적절히 잘 배정하여 준비했다. 놀음을 나가서 취하는 예절에 대해서는 매우 엄격한 교육이 이루어졌다. 예컨대 손님 앞에 차려진 음식상에는 절대로 손 대서는 안되는 게 정해진 규정이었다. 기녀들은 애써 배고픔을 참아야 했다. 요정 측에서는 기녀들의 편의를 봐주어서 따로 일품요리 같은 것을 미리 준비해 주는 일도 있었다.

기녀들이 놀음 나가 만난 사람으로부터 머리를 얹을 때는 많은 패물과 세간, 이부자리, 옷 등이 주어졌다. 머리 얹어 준 사람이 보통 생활비를 대어 주었는데 이 경우 남편의 의사에 따라 놀음을 계속 나갈 수 있느냐의 여부가 결정되었다. 생활비를 대어 주지 않는 경우에는 기녀가 자유로이 놀음을 나갈 수 있었다. 머리를 얹은 기녀는 본처가 죽은 후 후처로 들어앉는 경우도 많았고 남편이 재력이 상실하여 두 사람의 관계가 끝나 버리는 경우도 간혹 있었다. 그러나 대부분의 기녀들의 머리를 얹어 주는 사람들이 중년 이상의 유지급들이라 몇 년 살다가 타개하는 경우가 가장 빈번했다. 남

편이 타개하면 기녀들은 요정을 차려 생계를 유지했다.[54]

나의 권리를 주장한
근대 신여성의 탄생, 권번 기생

기생들은 경제활동에 거침이 없었으며 자주적이
며 진취적이었다.

최순이는 권번에서 학생 기생들을 가르치는 스승으로서 기
생들이 더 나은 처우를 받을 수 있도록 앞장섰다. 그녀는 학
생 기생들이 권번에서 학습할 때 내는 수업료를 삭감시켜 달
라고 요청했으며, 비 오는 날 출근하지 않도록 하는 것 등 매
우 구체적이고도 상식적인 권리를 주장했다. 때는 1900년대
초반이다. 다른 여성들은 노동은커녕 집안일을 하며, 목소리
를 내지 못하던 시기다. 그러나 그녀들은 노동자로서 경제활
동을 하며 권리를 적극적으로 주장했던 신여성이었다. 그리
고 이러한 요청이 받아드려지지 않자 파업을 하기도 했다.

진주 기생조합은 얼마 안 가서 경영이 어려워지고 많은 부
채를 떠안게 되었다. 이에 1915년 일단 해산의 길로 접어들
었다.

'예기조합'이라 불리던 진주 기생조합은 일본식의 '권번券番' 체제로 바뀌게 된다. 권번이란 단어의 어원은 가부키 극장에 서 사이반[茶番]이라는 관행이 생겨났을 때의 이름들과 관계가 있다. 일본은 이미 에도시대부터 메이지시대를 거쳐 다이소시 대에 이르는 기간에 극과 음악과 함께 위로 파티를 연 연회 장에서 차 시중을 드는 사람들이 차반[茶番]과 술 시중을 드는 사카반[酒番], 모치반[餅番]으로 분화했다. 이때의 그 일을 맡은 당번當番은 모두를 '권번券番, 칸반으로 부르고 있었다. 같은 발 음의 칸반[燗番]은 요리점 등에서 술을 데우는 사람을 가리킨 다.[55] 권번은 일본의 연회문화 속에서 차와 술 시중을 드는 것과 밀접한 관련이 있다. 일본은 청일전쟁과 러일전쟁 시기 에 이미 조선에 예기 및 창기와 관련된 제도를 도입하기 시작 했다. 이때 일본의 예기가 조선에 건너오면서 요리점, 권번이 조선에 정착되기 시작했다. 기생들이 즐비했던 진주도 권번 이 생겨났다.

1927년 1월 15일 중외일보에 실린 기사는 예기조합이 일 제에 의해 권번 형식으로 바뀌게 된 것을 보여준다.

진주에 역사적으로 기생이 많다는 것은 세상 사람이 다 아는 바요. 따라서 풍기상에도 매우 문제가 되어 오든 바 작년 8월 초순에 식촌현후植村玄厚 씨가 진주 경찰서장으로 부임된 이래로

이에 많은 생각이 있어서 진주 풍기문란에 관련한 기생과 방탕 분자 박멸에 철저히 노력하여 자못 기생 간에는 생활문제에까지 일종 위협을 보게 된 바, 일부 인사士로부터 진주 권번을 발기하여 관계 당국에 허가원을 제출하였는 바 창업을 촉진시키는 동시에 종래의 감독監督과 통어統御, 제어가 매우 불충분한 진주 예기조합은 될 수 있는 대로 폐지시키기를 노력하는 동시에 그나마 자산 2,400여 원은 전부를 일시 경영난에 빠진 진주유치원에 기부하도록 하라는 말이 유력하게 되었는데, 이에 대한 식촌씨의 의견은 상, 중, 하 삼 계급에 모두 불평이 없게 풍기 문제를 근본적으로 숙청할 의견이 있다더라.

위의 기사 내용으로는 진주 예기조합이 폐지된 이유를 '풍기문란'으로 들고 있다. 그러나 사실상 예기조합의 경영상의 문제와는 별도로 일본은 1908년 9월 15일 '기생 및 창기 단속시행령 제정 건'으로 인해 예기조합은 일본 경시청의 허가를 받아 '영업'이라는 형태의 활동을 해야 했다. 일본은 조직적으로 기생들을 관리하기 위해 예기조합을 폐지하고 '권번'이라는 일본식 제도를 도입한 것이다. 마치 실제로 기생들이 풍기가 문란해 권번을 도입했다고 주장하는 것은 지극히 제국주의적 입장의 태도가 아닐 수 없다.

그러나 일본의 주도하에 설치되었던 진주 권번은 권번장의 폐단으로 기생들의 반발을 불러일으켰다. 다음의 중외일보에 실린 기사를 살펴보자.

진주 권번 기생 일동 동요 - 경영자 측과 알력

작년 시월부터 비로소 권번제券番制로 그 내용이 개혁된 진주 기생조합에서는 근일 기생 측과 경영자 측에 대우 개선급 그 권번 내규 개혁 등으로 피차에 알력이 생기어 오든 바 지난 삼십 일에 기생 일동은 진주 비봉동 모처에 모여 여러 가지로 토의한 끝에 오후 세시경에 일동은 권번을 찾아가서 권번장 김창윤金昌允이하 여러 간부와 장시간 여러 가지 요구조건을 타협하였으나 피차에 원만한 해결을 지어 회답하기로 하고 그동안은 기생 일동도 여전히 출석하기로 하였다는데 기생 측의 권번당국자에 대한 요구조건은 대개 듯는에 의하면 일, 권번에 비오는 날에도 출근하는 것은 각자 가정에 있어 권번이나 요릿집에서는 즉시 동지케 알려줄 것과 이, 종전에 관극시 반드시 소사로써 극장에 기별케 하여줄 것과 삼, 권번의 수지예산을 일반 기생에게 보고하여 줄 것과 학생 기생들의 월사금을 감하여 줄 것 등 그밖의 여러 가지 라는데... 여러 가지의 내용으로 보아 상당한 주장이 있다는 바 때마침 이 진주 권번은 일부 인사의 주식회사 설치법이 생기느니 하여 일반의 주목을 끄는 중이라 더라[56]

위의 기사 내용으로 보았을 때 진주 권번의 기생들은 권번 경영에 수동적으로 움직인 것이 아니라 자신들의 처우를 개선하기 위해 경영자에게 당당하게 요구했음을 알 수 있다. 진주에는 권번에 입적하여 기예를 익히는 과정의 기생을 '학생 기생'이라 하였다. 학생 기생은 3년간 월사금을 2원씩 내고 국악 전반에 관해 학습을 하게 된다. 또한 자신이 부족한 부분은 따로 더 수업료를 내야 했다. 이렇듯 진주기생들은 3년동안 월사금을 내야 하는 학생 기생들의 처지에 대해 월사금 삭감에 대해 처우개선 방향을 구체적으로 주장했다. 이러한 기생들의 주장과 경영자측의 팽팽한 대립은 3일 연속으로 신문기사화 될 정도로 일반인의 주목을 끌었다.

기생들은 구체적인 세 가지 요구사항이 받아들여지지 않자 동맹파업까지 하기에 이른다. 이에 경영자 측은 기생 일동을 불러 놓고 협상을 한다. 경영자 측은 기생들의 요구 조건 중 비 오는 날에 한하여 출석을 하지 않는 것에 대한 것은 들어주나 나머지 요구 조건인 권번의 수지 예산을 일반기생에게 보고하여 줄 것과 학생 기생들의 월사금을 감하여 줄 것에 대한 요구는 들어주지 않았다. 결국 1929년 7월 8일 진주기생들의 요구 조건을 조건부로 들어주되 기생들의 풍속단속을 약속받았다고 보도하고 있다.[57]

진주 기생조합이 권번 체제로 전환되면서 기생들의 반발은 계속되었다. 이는 학습 기생과 영업 기생이라는 이분법적 논리에 따라 영업허가를 달리 받아야만 했고, 계속 '풍기문란'을 문제 삼아 기생들을 구속했기 때문이다. 1933년 당시 진주 권번의 영업 기생 90명 중 70여 명을 제외한 20여 명이 외지에서 온 기생들이었다. 따라서 기생들은 권번장 김창윤을 상대로 다음과 같은 요구를 하였다.

1. 외래기생을 영입迎入하게 한 주동 인물인 가야금 선생 김종기金宗基를 해임 축출할사
2. 박朴 소사와 전소全小 서기보를 해임할사
3. 금후 외래기생을 허입 할시는 기생중의 취제급 감독의 양해를 구할사

이상 3대 요구 조건을 제출하고, 8일 직시 전 권번 관계자를 소집하여 임시 긴급회의를 열고 장시간 토의한 결과 이상 세 가지 요구 조건을 즉시 실행하기로 하면서 기생왕국에서 난은 무사 원만히 해결했다.[58]

협상을 단행했던 1933년 당시 최순이는 진주 권번의 춤 담당 선생님이었다. 따라서 최순이가 이와 같은 협상을 주도적으로 이끌었을 것이라고 합리적으로 추측할 수 있다. 최순이로부터 춤을 배운 권번의 기생들은 모두 춤 스승을 최순이라

고 거론하였다. 따라서 진주 교방의 마지막 선상기였던 최순이라는 인물의 존재는 진주 기생들에게는 궁중의 춤을 학습할 수 있는 유일한 선생님이기도 하면서 기생들의 권익을 대변해 줄 수 있는 선구자이기도 했다.

기생조합은 기생들 자체적으로 운영하는 방식으로 경제적 후원이 없었다. 따라서 경영난으로 운영이 힘들어지는 경우가 생겼다. 권번은 근대 자본주의에 의해 상업적으로 설립된 주식회사 체제이다. 즉 주주가 돈을 출자하여 세운 회사이다. 우리나라 최초의 주식회사는 1897년 일본인의 주도로 만들어진 한성은행이다. 은행과 체제가 다르긴 하지만 기생을 관리하는 기관이 주식회사 운영체제로 시작되었다는 것은 새로운 관점에서 보아야 한다.

권번에는 출자자, 경영자, 교육자, 학생인 기생이 존재하게 되는 것이다. 권번은 각자의 역할이 분리되어 있었다. 기생은 권번에서 교육을 받는 대신 외부활동으로 인한 수입의 일부는 권번에 납입해야 했다. 권번이 일종의 매니지먼트 회사의 역할을 했던 것이다.

조선시대 여성이 가질 수 있는 직업군은 많지 않다. 궁중에서 일할 수 있는 것은 신청 각시, 전갈 비자, 수라간 나인, 유모 등 모두 하인이었다. 대개 궁중에서 일하며 지위 높은 상전을 가까이 모시는 자리이다. 경제적 능력이 있는 무녀도 있었다.[59]

이에 반해 기생은 천민이었지만 양반가 못지않게 복식에 대한 규제가 없이 자유롭게 꾸밀 수 있었다. 천민 여성에게 교육의 기회는 주어지지 않았지만 기생은 시를 읽고 지을 수 있는 인문 교육을 받았다. 그리고 그들은 전문적인 예술 교육을 받은 사람들이었다. 동서양을 막론하고 예술은 지위가 높은 계층에서 향유하는 제한적인 것이었다. 물론 기생의 개인적인 삶과 여성으로써의 지위를 생각한다면 어두운 면이 많은 것은 부인할 수 없다.

근대 시기 여성에 대한 교육 기회가 확대되었지만 그 혜택을 받는 사람은 제한적이었다. 그리고 직업에 대한 의식을 가지기 시작했다. 여성이 직업으로 선택하여 경제활동을 할 수 있는 분야는 많지 않았다. 상대적으로 교육의 기회가 없던 여성들은 옷을 짓거나 잔칫집 일손을 돕는 등의 가사와 연계된 육체노동으로 돈을 버는 일이 다수였다. 이러한 시대에 권번의 기생은 비록 사회적으로 인식이 폄하되기는 했으나 주체적으로 경제활동을 할 수 있는 계층에 속했다.

근대 기생의 수요가 급증하게 된 이유도 여성이 주체적인 경제활동을 선택할 수 있었기 때문이다. 교방의 관기는 공인 받은 신분이기는 했으나 개인의 자유는 물론 개인적인 경제 활동을 할 수 없는 처지였다. 상대적으로 낮은 급료와 의복, 옷감 등을 보수로 받았다. 이에 반해 근대 기생들은 개인적 인 경제활동으로 수입을 창출할 수 있다는 것은 여성의 지위 로써 진일보된 것이었다.

1910년 일본은 진주의 중요한 관공서 건물을 용도 변경하 였다. 이에 따라 교방이 있던 건물을 사용하지 못하게 되었 다. 따라서 다른 건물에 권번을 설립하고 학생들을 모집하였 다. 1930년대 진주 권번의 기생 수는 100여 명에 달했다. 권 번은 옛날 큰 기와집 두 채가 이어진 형태로 많은 수의 기생 들을 수용할 수 있었다. 권번은 노래를 배우는 방, 무용을 배 우는 방, 악기를 배우는 방, 글을 배우는 방이 각각 따로 정 해져 있었다. 진주 권번은 차가 다니는 중앙대로에서 골목으 로 조금만 들어가면 있었다. 현재 진주시 대안동 14-8 우리 은행 자리이다.

기생조합과 권번의 차이점은 경영권의 차이에 있다. 권번은 주식회사체제로 운영되는 철저한 자본주의 경영체제이다. 즉 상업적으로 운영되는 회사와 같은 것이다. 권번의 운영은 요 리점과 밀접한 관계를 지니고 있었다. 권번 경영이 잘 된다는 것은 지역의 요리점이 성황을 이룬다는 것을 말해준다. 당연

히 경제적으로 풍족하고 여유가 있는 계층들이 소비를 촉진
시켰다.

❖

　　　최순이는 기생조합에서 학생들을 가르쳐 왔
지만 더 전문적이고 체계적인 시스템인 권번 아래에서 지도
하게 되었다. 권번에 입학한 학생들은 일정 금액의 수업료를
지불했다. 따라서 형편이 넉넉지 않은 사람은 들어갈 수가
없었다. 그 외 권번은 주식회사로 운영되었기에 자본금으로
충당했다. 진주 권번에서의 최순이의 명성은 학생들의 입소
문을 타고 퍼져나갔다. 최순이에게 춤과 노래를 배운 학생들
은 그 실력을 인정받았고, 요리점과 잔칫집에서 최순이의 제
자에 대한 요청이 쇄도했다. 최순이는 그렇게 고향에서 직접
무대에 서고 주목받는 일보다 제자들이 우리의 전통 춤과 노
래를 계승하는 것에 보람을 느끼고 있었다.
　진주 권번의 학습 기간은 3년이었으며 권번에 소속된 학생
들은 실력에 따라 3등급으로 구분되었다. 학습 내용은 춤·시
조·한문·일본어·창·가야금·장구·북 등으로 다양했다. 음악
분야는 양금·가야금·창 등의 순서로 배워 나갔다. 즉 악기를
먼저 배우고 노래를 배우는 순서이다. 진주 권번에서는 우리

이 엽서는 조선 팔경 중에 지리산을 배경으로 제작한 것이다. 그리고 진주 권번 기생 류앵(柳鶯)의 얼굴을 지리산 배경에 겹쳐 놓았다. 엽서의 내용은 류앵이 경상남도 전라남북도 일대에서 활약한 진주의 명화(名花)라고 설명한다. 계란형의 얼굴에 선한 눈매, 그리고 환하게 웃는 입모양과 웃음은 마치 최순이를 연상하게 한다. ⓒ신현규

전통춤뿐만 아니라 일본의 요도리춤·예절·시조·일본어 등도 가르쳤다.

진주 권번의 교과과정은 오전, 오후로 나누어져 있었다. 오전에는 예절을 비롯한 걸음걸이, 앉은 자세, 말하는 솜씨, 용모 등을 살폈고 다음으로 시조, 창, 단가, 한문 등을 공통으로 익혔다. 이어 오후에는 각자의 재능이나 희망에 따라 전공을 정해 집중적으로 기예를 연마했다. 즉, 노래나 창은 아침 시간을 이용했고, 몸을 움직이는 춤과 기악은 오후 시간

에 배정되었다.

진주 권번에는 최순이 이외에도 가끔 감독하러 나오는 사람이 있었는데, 노기들이었다. 일반, 이반, 삼반 반을 나누어서 반마다 노기들이 따로 감독을 했다. 노기들은 품행이 단정한지 점검하고 예절 등을 교육했다. 걸음걸이는 사뿐사뿐 얌전해야 되고, 어른에게 공손하게 말하도록 했다. 어른에게 음식이나 물건을 드릴 때 손이 공손하게 따라서 드려야 함도 가르친다. 노기들은 권번에 매일 나오지는 않고 일주일에 한 번 정도 나와서 직접 감독을 했다.

권번의 교육은 9시쯤 시작하여 5시 30분쯤 마치게 되는 일정이었다. 점심시간은 정해져 있었으나 굶는 학생들이 많았다. 권번 밖으로 나가서 점심을 사먹지는 못했으므로 도시락을 싸와서 먹기도 했다. 그리고 집이 가까운 학생은 집에 가서 빨리 점심을 먹고 오기도 했다.

권번의 입학 조건은 용모는 기본이고 성격이 좋아야 했으며 선생님 말씀을 잘 들어야 했다. 예절교육은 선생님이 먼저 시범을 보이면 학생들이 따라 했다. 선생님들은 길다란 회초리를 들고 다니며 잘못한 학생들에게는 회초리로 훈육하기도 했다. 공부하는 시간에는 선생님이 흑판에 글씨를 써가며 가르쳤다. 일본어, 한자, 산수를 흑판에 쓰고 배우며 시험도 보았다.[60]

권번의 3년 학습기간이 끝나면 시험을 통과해야만 졸업할 수 있었다. 졸업 후에는 관청이나, 요리점, 개인 연회 등에 나가 놀음하여 화대를 받는데 권번과 7:3 정도로 나누어 가졌다.[61]

예부터 진주 못지않게 명기가 많기로 이름난 곳이 바로 평양이다. 평양기생학교의 이름은 '기성 권번'이라 불렀다. 평양 기생학교의 앞문으로 들어서면 넓은 방이 있는데 무도연습장이다. 그 좌우로 사무실이나 기숙사가 있다. 뜰이라야 열 평 남짓이었지만 이 뜰로 큰 기생, 작은 기생이 한데 어울려 뛰고 놀았다. 나이가 어린 동기들은 빙 둘러서서 구경한다. 학교에서는 기생학교를 방문하는 방문자를 위한 공연도 준비한다. 기생 중에서 실력이 우수한 자를 골라 검무와 승무 등을 선보인다.

검무는 노산홍, 변영선, 김취산, 승무는 변영선이 추었는데 일류로 명성이 높은 만큼 어여쁘고 얌전하게 추었다. 추는 동안에 이마에 흐르는 땀까지도 향기가 나는 듯했다. 이 학교는 대정 권번에서 시작한 것인데 생도가 해마다 증가하여 150명의 생도가 있고 179명의 기생이 있었다.[62]

생도 즉, 새끼 기생 중에는 전도유망한 기생이 많은데 그 중에도 1930년대 평양과 진주는 가장 많은 기생을 양성하는 지역이었다. 권번에서 교육이 끝나면 외부활동이 허락되었

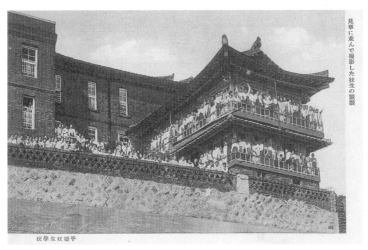

1920년대 평양기생학교가 담긴 엽서의 모습.
예로부터 평양과 진주는 가장 많은 수의 기생을 양성하던 곳이었다.

다. 경성에는 '경성관광협회'가 있어 식도원 요리점과 권번 기생을 연결해주는 역할을 했다. 기생을 활용한 관광을 돈벌이의 수단으로 이용한 것이다. 평양, 진주기생들은 일본 박람회의 초청 기생으로 건너가기도 했다. 기생과 권번 외부활동을 연결해주는 일종의 매니지먼트 역할을 하는 사설기관도 생겨나기 시작했다. 연예기획사의 시초인 셈이다.

평양의 기생학교에서 교습받는 어린 기생들의 모습.

평양의 기생학교에서 무용 수업을 받는 기생들의 모습.

혼돈의 시대, 변화된 기생 화려함 속에 숨겨진 비애

   1920년대 중반부터 일본을 통한 근대식 서구문화가 급격히 유입되기 시작했다. 일반인들이 근대 문화를 쉽게 경험할 수 있었던 것은 라디오, 축음기, 영사기 등의 기계들이다. 유랑극단이 지역에 가설무대를 설치하여 창극, 노래, 가요를 접하던 대중들은 이제 '극장'이라는 새로운 공간에서 영화를 관람할 수 있게 되었다. 잔치나 행사에 소리와 춤이 빠질 수 없는 것이 한국인의 문화였다. 따라서 소리 잘하는 기생을 초청하여 흥을 돋우는 것이 상례였다. 그러나 이제 번거롭게 기생을 부르지 않아도 '레코드'라는 신문물을 통해 손쉽게 음악을 접할 수 있게 된 것이다. 살아있는 사람의 목소리를 직접 청해 듣던 시대에서 근대 축음기를 통해 손쉽게 들을 수 있게 되었다. 이제는 기생을 직접 초청하지 않아도 대중들은 레코드판을 통해 기생의 노랫가락을 들을 수 있는 시대가 된 것이다. 게다가 새롭게 등장한 '대중가요'는 서민대중들이 쉽게 공감하는 멜로디와 가사로 폭발적인 전달력을 지니고 있었다. 가곡이나 시조창은 삶의 풍요로움 속에서 정신적인 여유로움을 즐길 수 있는 양반계층이 선호하던 음악이었다. 그러나 이제 양반은 사라지고 서구적 문화 취향과 지식을 흡수한 계층이 주류의 문화 소비계층이 되었다.

  요리점이나 극장식 무대에서 화려한 궁중복식을 갖춰 입고 의물을 갖춘 기생의 춤을 처음 보는 대중들은 매우 신기하게 관람을 했다. 그러나 일본을 통해 들어온 근대 서구식 모던댄스는 완전 새로운 자극을 주는 관람물로 등장했다. 우선 의상에서부터 여성의 몸매를 부각시키고 육체미를 드러내는 것이었다. 음악과 동작은 빠르고 역동적인 흥을 일으키는 것이었다. 당시 일본으로 건너가 근대춤을 배우고 돌아온 최승희의 춤이 그 대표적이다.

'대중문화'라는 새로운 아이콘이 등장하게 된 것이다. 돈과 권력이 있는 사람들이 기생의 문화를 즐기는 계층을 '한량'이라 했다. 근대에는 '모던보이'라는 새로운 지식인 계층이 문화의 주 소비층이 되었다. 이들이 선호하는 문화가 주류로 변화되는 문화의 세대교체가 일어나고 있었다. 기생이 부르는 느린 가곡과 시조, 격식을 갖춘 궁중춤에 취향을 가진 사람들은 점점 줄어들고 있었다.

권번에서 가곡, 시조와 같은 정가를 배우던 기생 중에는 근대 대중문화의 시류를 타고 발빠르게 대중가수로 변화했다. 대중 유행가 여왕으로 꼽힌 사람은 기생 출신이었던 왕수복, 선우일선, 김복희 등 3명이 『삼천리』1935 잡지의 10대 가수 순위에서 명의 여자 가수 중 1위, 2위, 5위를 차지하게 된다.[63]

가요의 대중화에 선구자적 역할을 한 사람들 역시 기생들

1917년 평양에서 태어난 왕수복.
기생 출신의 대중가요 가수다. 콜럼비아사에서 데뷔한 왕수복은 1933년에 <한탄>을
비롯하여 <신 방아타령>, <패성의 가을밤>, <망향곡> 등으로 인기가수가 되었다.

이었다. 가요를 처음 배워서 부른 계층은 누구일까? 예전부
터 노래를 업으로 삼았던 사람일 것이다. 바로 기생이다. 권
번에서 가곡이나 시조창과 같은 정형화된 스타일의 음악을
배우던 기생들에게 대중가요는 손쉽게 따라할 수 있는 음악
스타일이었다. 게다가 대중가요 '가수'는 기생들에게 꽤 선망
받는 새로운 직업이었다. 기생이라는 꼬리표를 조금이라도
없앨 수 있는 매력적인 것이었다.

진주에 최순이와 비슷한 시기에 태어난 대중가요 창작가가
있다. 본명이 김영환金永煥, 1898~1936인 진주 사람 김서정은 우
리나라 최초의 대중가요를 창작한 사람이다. 그런데 김서정
의 출생은 예사롭지 않다. 바로 그의 어머니가 기생이었던 까

닭이다. 기생인 어머니를 둔 딸은 그대로 기생이 되어야겠지만, 아들로 태어난 김서정은 당시 한량으로 살아갔다.

　기생인 어머니의 기질을 타고난 김서정은 어릴 때부터 기생집에서 흘러나오는 노랫가락과 장고 장단을 듣고 자라 자연스럽게 예술적 감흥이 발달할 수밖에 없었다. 그러나 김서정은 38세의 젊은 나이에 요절했다. 그가 죽기 전 젊음과 예술혼이 한창일 때 작곡한 노래가 바로 〈강남달〉이라는 우리나라 최초의 대중가요이다.

　　　강남달이 밝아서 님이 놀던 곳
　　　구름 속에 그의 얼굴 가리워졌네
　　　물망초 핀 언덕에 외로이 서서
　　　물에 뜬 이 한밤을 홀로 새울까
　　　멀고 먼 님의 나라 차마 그리워
　　　적막한 가람가에 물새가 우네
　　　오늘밤도 쓸쓸히 달은 지노니
　　　사랑의 그늘 속에 재워나 주오
　　　강남에 달이 지면 외로운 신세
　　　부평의 잎사귀엔 벌레가 우네
　　　차차리 이 몸이 잠들리로다
　　　님이 절로 오시어서 깨울 때까지

이 노래는 김서정이 태어나고 자란 진주 촉석루에 앉아 남강 건너 강의 남쪽과 강 위에 뜬 달을 바라보며 작사·작곡한 노래이다. 김서정은 영화 시나리오를 직접 쓰기도 했는데, 바로 〈낙화유수〉라는 작품이다. 기생과 화가와의 이룰 수 없는 사랑을 그린 자서전적 성격을 띤 영화이다. 이 영화의 삽입곡으로 〈강남달〉을 창작하여

〈낙화유수〉라고도 불렸던 최초의 대중가요 〈강남달〉이 실린 가사집.

가수 이정숙李貞淑이 불렀다. 김서정은 그 뒤 〈세 동무〉·〈봄노래〉·〈강남제비〉 등을 강석연姜石燕 김연실金蓮實의 노래로 발표하여 크게 유행시키는 등 우리나라에 비로소 창작가요시대를 열었다.[64]

시대는 전통의 사이사이로 새로운 문화의 물결이 흐르고 있었다. 북을 치는 고수를 대동하여 전통적인 창법의 시조창이나 구음 구사가 뛰어난 기생을 찾았던 사람들은 이제 구세대로 불리는 계층이 되었다. 이러한 세태를 반영하듯 기생들은 전통과 신식문화 사이에서 적잖은 갈등과 정체성의 혼란을 느끼고 있었다.

혼란의 시대 상황을 비관하고 음독자살한 기생도 있었다.

1939년 7일 오전 6시쯤 부내 봉익정鳳翼町 26번지의 1호 조선 권번기생 김란향金蘭香은 많은 아편을 먹고 혼수상태에 빠진 것을 집안 사람이 발견하고 전일 당의원堂醫院으로 데려가 응급치료를 했으나 회생되지 못하고 사망했다. 김란향은 평양 출생으로 10여 년 전부터 조선 권번 기생이 되어 한때는 수심가의 명창으로 이름을 날리기까지 했다. 그러나 나이가 스물넷이 넘게 되자 새로 등장한 '모던' 기생들 세력에 그 명성도 사라지고 세월을 잃게 되어 번민을 했다. 그러던 중 새벽 한시까지 명월관에서 노름을 받아 놀다가 술이 취해 집에 들어가 세상을 비관한 나머지 음독자살을 했다.[65]

그림 같은 배를 타고 유유자적 듣던 기생의 소리나, 무려 한나절이나 지속되는 관아의 의식행사에 음식 다음으로 기생의 춤을 찾는 사람들은 점점 사라지고 있었다. 기생의 노래와 춤은 '의례'에서 '소비'의 형태로 바뀌고 있었다.

평양, 경성, 진주 권번에서 양성되는 기생의 수요는 날로 급증했다. 권번에서 공식적으로 행하는 3년의 교육을 받은 기생들도 있었지만, 개인이 속성으로 민요와 춤가락을 배워 활동하는 기생들도 늘어가고 있었다.

어렸을 적부터 기생 권번이나 학교에서 교육과 가무를 잘 배우고 활동을 하는 기생도 있지만, 당장의 생활의 곤란을 면치 못하여 가무도 배우지 못한 채, 영업장만 내어 소위 기생행세를 하고 있는 이도 있었다. 그러니 기생의 정체성은 흐려지기 시작했다. 혹은 어떤 자의 꾀임을 받아 남에게 팔려가서 영업장을 내는 기생도 있으며, 또는 얼마 안되는 채납금으로 인하여 포주나 양부모에게 7~8년간 여지없는 화대를 받아가며 눈물겨운 기생 노릇을 하는 기생도 있었다.

조선의 교방이 무너지고 관기가 해체되면서 찾아온 기생사회의 변화는 천차만별이었다. 최순이는 교방에서 전통 가곡 창법을 배우고 궁중에서 조선의 전통 정재를 이수한 사람이다. 혹 '대중가수'가 되거나 요리점에서 일을 할 수도 있었을 것이다. 또 후원자를 만나 평범한 여성으로써의 삶을 영위했을 수도 있다.

서울로 상경하여 일류기생이 되고 또 모던기생으로 화려한 연예계로 진출한 당대의 기생들은 성공했다. 그러나 최순이가 택한 길은 고향이었고, 무형문화재의 길이었다. 유행은 금방 바뀌지만 전통과 고전이 지닌 힘과 향기는 영원하다. 고전은 영원불변하며 길이길이 빛나 후세에 다시 꽃을 피울 수 있는 씨앗이 되기 때문이다.

기생, 예인의 길로

　　궁에서 다시 진주로 돌아온 최순이가 느낀 것은 '기생에 대한 일반인들의 편견'이었다. 일반인들은 교방의 체계적인 학습과 궁중 장악원 전악과 행수기생으로부터 배운 예술의 깊이를 알 길이 없었다. 그래서 최순이는 스승으로부터 배운 것들을 모두 권번의 제자들에게 전수하겠다고 결심했다.

　최순이는 한결같은 성품을 지니고 있었다. 교방의 기생이 관기가 되면 따로 독립하여 살기도 한다. 이때 경제적 능력이 안되는 경우는 '기생서방'이라고 해서 경제적 도움을 받기도 했다. 꼭 그렇지 않아도 '머리를 올려준 사람'이 생활에 도움을 주기도 했다. 그런데 최순이가 궁에서 내려와 진주에서 생활하는 동안 어떠한 후원자도 만들지 않았다. 최순이는 많은 사람들의 관심과 주목을 받았다. 여자로서 일반적인 삶을 추구할 수도 있었을 것이다. 권번에 다닌 최순이의 제자들은 대부분 후일에 가정을 꾸리고 살았기 때문이다.

　최순이는 '예술가의 길'을 택했다. 그중에서도 '검무'를 중요하게 생각했고, 이 춤만은 꼭 많은 사람들이 즐기고 느낄 수 있는 문화로 후대에 전승시키고자 했다. 한길을 걸어간다는 것은 결코 쉬운 일이 아니었다. 그러한 '신념'을 남들에게

도 알리고 공감을 일으킨다는 것은 더더구나 험난한 길이었
다. '춤'은 '기생들이나 추는 것'이라는 인식이 강했기 때문이
다. 최순이가 궁중에서 추던 춤은 오로지 왕을 위한 춤이었
다. 권번의 제자들은 왕을 위한 춤을 출 수 없었다. 일반대중
들이 누구나가 즐기고 공감하는 춤으로 전환하여야 하는 것
이었다. 그래서 왕을 위한 춤이 아닌 일반 사람들을 위한 춤
으로 인식을 바꾸는 데 노력하기로 했다.

　　　　　진주 기생조합에서 학생들을 지도하던 최순
이는 진주 권번의 큰 스승으로 초대되었다. 후일에 최순이의
제자 김수악이 기억하는 진주 권번의 모습은 이러했다.

"인자 옛날 큰 고가古家가 두 채가 이래 학교에 있었거든. 그
래 놓고 엄격하지 뭐. 창 배우는 데, 무용 배우는 데, 글 배우는
데, 시조 배우는 데가 따로 있었지. 큰 학교 안에 인자 방방이
모도 교실이 따로 있고..."[66]

진주 권번은 큰 가옥 두 채에 여러 개의 방이 있었다. 각
방은 무용, 시조, 창, 글의 학습을 위한 공간으로 구분되었

다. 1927년 진주 권번 설립 당시 최순이는 36세를 갓 넘긴 나이였다. 최순이는 범접할 수 없는 에너지와 아우라를 내뿜는 이미지였다고 한다. 1934년 9세의 나이로 권번에 입학한 김수악은 스승인 최순이를 뚜렷이 기억하고 있었다.

"최완자 선생님은 옛날 관기로써 관기 응, 진주에 인물도 점잖하이 생겼고 그 참 학습이 고르지. 학습이 고르니까 권번에 나왔다고 이라면은 덮어놓고 고만 요상시런 생각을 하고 하는 사람들이 더러 있는데, 그게 아니요, 말하자면 예술학교인데…."

최순이는 권번의 일을 하면서 '완자完子'라는 예명을 사용했다. 완자는 흔히 쓰는 권번의 기명妓名으로 보이지는 않는다. 최순이는 교방의 마지막 세대로써 권번에서 가르치는 스승의 위치에 있었다. 그렇다면 '완자'라는 예명은 당대 일본식 이름으로 흔히들 많이 부르는 이름이 아니었을까? '完子-완자'는 'さだこ사다코''ひろこ히로코'와 같은 이름으로 불리기도 했다. 이후로 진주에서 공식적인 기록에는 거의 대부분 최완자라는 이름으로 통용되었다.

권번의 수업은 9시부터 시작되었다. 최순이는 그보다 일찍 권번에 도착하여 학생들을 맞이할 준비를 했다. 오전에는 노래와 악기를 주로 지도했다. 궁에서 연향이 있을 때는 가곡의 창사를 부르는 기녀가 따로 있었다. 이때 가곡의 노래가 끝나면 춤을 추는 기녀가 등장한다. 가곡의 노랫말은 춤의 내용을 전달하거나 왕과 나라의 태평성대를 축원하는 의미가 담겨 있다.

이제는 16박이 한 장단을 이루는 매우 느린 가곡을 대중들은 쉽게 공감하지 못했다. 자연스럽게 권번에서도 가곡과 시조창 보다는 유행하는 '판소리'를 더 많이 가르치게 되었다.

그러나 최순이는 조선의 전통 정가正歌인 가곡을 권번에서 필수로 가르쳐야겠다는 신념이 있었다. 고전을 제대로 배운 사람은 새로운 창법도 쉽게 따라할 수 있는 법이었다. 최순이는 시조에도 소질이 있어 시조를 가르치기도 했다. 최순이는 오전에 가곡과 시조를 지도했다. 교방에서는 가곡을 주로 불렀는데, 권번에서는 시조시를 그대로 노래하는 악곡을 더 많이 지도했다. 가곡은 몇몇 학생들에게만 전수하여 가곡 선법을 그대로 따라하는 학생은 많지 않았다.

최순이가 동기로 교방에 있을 때는 가곡 97수를 다 외우도록 지도받았다. 노래 시간에는 가곡-시조-가사의 순으로 곡목을 정하여 연습을 했다. 초장, 중장, 종장으로 짜여진 시조시를 교방에서는 초장, 이장, 삼장, 사장, 오장까지 늘려서 부르는 가곡의 선법을 가르쳤다. 가곡을 부를 때면 장구와 피리, 대금, 양금 반주까지 악사들이 연주를 했다. 양금은 선배 기생들이 연주해 주기도 했다. 진주 권번에는 양금을 가르치는 악기 선생이 있었다. 최순이는 춤과 정가를 지도했지만 양금에도 소질이 있었다. 양금 악기수는 가야금보다 많지 않았다. 양금은 상영산, 중영산부터 시작하여 염불 도드리로 넘어가는 연주를 했다.

교방에서는 '판소리'라는 장르를 가르치지 않았다. 판소리는 궁중과 교방에서 가르치던 음악이 아니었다. 그런데 전국적으로 판소리의 유행과 명성이 자자해지면서 전국 권번에서 기생들에게 판소리를 학습하도록 했다.

시대적 흐름에 따라 진주 권번에서도 판소리 수업을 하기로 결정했다. 요리점이나 잔치집에서 판소리에 대한 요청이 많은 것도 그 이유였다. 권번에 새롭게 판소리를 지도할 선생님을 초빙했는데, 전국적으로 유명한 유성준 선생이었다. 유성준 선생은 19세기 후반부터 활동한 판소리 오명창에 속한 사람이었다.

장악원에 이어 이왕직아악부에서는 가곡, 가사와 같은 정가正歌만을 숭상해 오다가 1930년대 이후 민간에서 전승되던 경기잡가도 가르치게 되었다. 그리고 서울을 중심으로 여러 동리에서는 잡가판에서 유행하던 사설시조, 휘모리시조, 등을 배워 시조창時調唱이 급속도로 확산되기 시작했다. 이외에

앉아서 부르는 좌창坐唱과 서서 부르는 입창立唱인 선소리 타령
이 대조를 이루고 있었다.[67]

최순이는 춤에서는 제일 권위가 있었다. 당연히 궁중의 춤
과 민속춤을 골고루 섭렵했기에 진주에서는 최순이의 실력을
따라올 사람이 없었다. 11시쯤 되면 무용과 악기 연습이 시
작되었다. 춤을 지도하는 방에는 큰 거울 하나를 높이 걸어
두었다. 시설 설비가 부족한 권번에서는 벽면 전체에 거울을
달 만한 형편이 되지 않았다. 키가 큰 학생들은 거울을 보고
동작을 고칠 수 있었지만, 키가 작은 동기들은 앞의 선배들
이 하는 동작을 거울처럼 따라할 수밖에 없었다.

"저 살풀이 굿거리, 검무를 제일 잘하시고 검무를 자기네들
똑같은 또래에서도 모도 그분의 말이라면 꼼짝을 못하지"

권번에서 최순이가 지도한 춤은 검무, 굿거리춤, 포구락 등
진주 교방의 춤들을 모두 지도했다. 그런데 그 중에서도 검
무를 가장 많이 지도했다. 검무는 진주 교방의 중요한 춤 과
목이기도 했지만 선상기로 궁중에 있었을 때 궁중검무를 익
혔던 터라 가장 자신 있는 종목이었다. 검무는 박옥엽, 김인
자, 임한산과 같은 예전 교방의 관기들이 있어 춤을 함께 지
도했다. 그리고 조인자, 박국엽, 김채자도 있었다. 그러나 이

173

들은 권번 스승으로의 역할을 했다기보다는 최순이가 지도할 때 도와주는 식이었다.

검무를 지도할 때 관기 출신 선생님들이 다른 방식으로 지도하는 경우도 있었다. 그러나 그럴 때마다 논리적이고 체계적인 최순이의 춤 설명에는 아무도 따라갈 자가 없었다. 춤을 잘 추는 것도 중요하지만 자신의 춤을 제자들에게 가르치는 능력은 아무나 갖출 수 있는 것은 아니었다. 그것은 오랜 경험과 자기 수련의 과정에서 오는 세포의 감각이 살아있어야만 가능하다. 최순이는 자신이 어렵게 배운 춤의 동작을 아주 쉽게 학생들에게 가르쳤다. 그만큼 최순이의 존재감은 학생들과 동료 선생들에게 인정을 받았다.

"여자춤은 우아하고 예쁘게 추어야 하며, 남자춤은 선이 굵은 춤으로 은근함과 그늘진 멋이 있어야 해"

처음 춤 공부가 시작되면 최순이는 장구를 잡고 앉아 장단을 친다. 무작정 동작을 가르치지 않고 그 춤의 반주 장단부터 익히도록 하는 것이다. 먼저 느린 장단부터 시작되는데, 염불 1장단을 친다. '덩~쿵~따따~쿵. 덩 더러러러~쿠우웅' 6박의 느린 장단이 귀에 익숙해질 때까지 들려주었다. 학생들에게는 양반다리로 앉은 자세에서 양 무릎을 장고의 궁편과 채편으로 삼아 손으로 장단을 치게 했다. "한 박이 세 개로 쪼개지니까 박 안에서 배가 딱 맞게 떨어지도록 장단을 쳐야 돼"라고 일러주었다. 염불장단을 완벽하게 마스터하면 타령장단으로 넘어간다. 학생들은 금세 익히지 못하기 때문에 보통 한 달 정도 지나야 자연스럽게 익힐 수 있었다.

다음은 일어서서 발디딤을 연습한다. 형편이 넉넉지 않은 학생들이었지만 버선만큼은 광목천이 새하얗도록 깨끗이 빨아서 준비했다. 언제나 버선에 때가 묻거나 오래 신어 헤어지면 수선하여 신도록 했다. 학생들은 모두 까만 치마에 흰저고리를 입고 하얀 버선을 신었다. 그리고 머리는 뒤로 땋아 댕기를 끝에 달았다. 마치 교복과 같은 권번 학생의 차림새와 맵시에서부터 단아한 자태가 나올 수 있다. 연습할 때부터 머리에서부터 발끝까지 복장을 갖추고 춤을 추어야 제대로 된 춤사위를 익힐 수 있었다. 춤은 영혼 없는 팔다리의 움직임이 아니라 내면에서 나오는 정신을 표현하는 것이기 때문이다. 연향에 참가할 때 가장 화려하고 아름다운 복식을 차려입는 것은 정성스러운 마음을 표현한 것이다.

최순이는 치마를 살짝 걷어 버선발이 보이도록 발의 디딤을 직접 보여주었다. "언제나 춤에 있어서는 발디딤이 제일 중요해. 그러려면 무릎을 살짝 굽히고 배꼽 아래에 힘을 주어 쏙 들어가게 만들어야 된다."라고 말하며, 뒤꿈치부터 힘을 나누어 차근차근 딛는 법을 가르쳤다. 그리고 "바닥에 끈적한 꿀이 있다면 발디딤이 어떻게 될까?" 하고 보법의 중요성을 강조했다.

춤을 출 때 표정 짓는 법도 가르쳤다. 이러한 최순이의 춤 지도법은 모두 오랜 시간 몸에 배인 습관으로 인해 자연스러운 것이었다. 말과 몸, 그리고 습관, 세 가지가 일치하는 스승으로서의 자태를 유지하고 있었다.

"조선의 춤은 배꼽 아래 하체에서 나오는 것이야. 손과 어깨는 힘을 빼고 발이 움직이는 대로 자연스럽게 결대로 따라가기만 하는 것이지."

춤은 무거우면서도 유연한 멋이 흘러야 되는데, 어린 학생들이 그 맛을 내기가 여간 어려운 것이 아니다. 오랜 세월 연습으로 인한 내공이 쌓여야만 몸으로 터득되는 것이다. 유연한 멋은 배에서 나오는 것으로 배에 힘을 주고 발디딤을 정성스럽게 하게 되면 어깨와 손은 자동으로 따라가는 것으로 손 모양을 인위적으로 예쁘게 만들려고 노력하지 않아도 된다. 손은 흘러가는 결 그대로 두면 알아서 움직이는 것이다. 오로지 손은 호흡과 발디딤에 의해 만들어진다.

검무를 추기 위해 칼을 잡으면 손목이 돌아가야 칼이 시원

시원하게 돌아간다. 그렇지 않고 일부러 칼을 센 힘으로 돌리기만 한다면 자연스러운 칼 사위를 구사할 수 없다. 손목에 힘을 빼고 손목 놀림에 의해 칼은 자연스럽게 돌아가도록 내버려 두어야 한다. 이 역시 손목의 힘을 뺀다는 것도 쉬운 일이 아님을 최순이는 익히 알고 있었다. 그렇지만 처음 연습 단계에서부터 귀에 못이 박히도록 강조 하다 보면 시간이 지나면 자연스럽게 만들어지는 법이었다.

진주 지역의 춤에는 손목에 힘을 빼고 자연스럽게 떨어지는 동작이 많다. 검무에 있는 춤사위들이 다른 춤에도 다 적용되는 것이다. 검무의 한삼사위, 맨손사위, 칼사위를 모두 익히게 되면 진주 춤의 진수를 다 배우게 되는 것이다. 그래서 진주 권번에서는 검무를 기본으로 익히고 난 다음에야 다른 춤을 배울 수 있었다.

구시대의 유물이 된 기생

1945년 광복과 함께 기생은 또 다른 해체의 길에 접어들게 된다. 광복 이후 한국 정부는 일제의 잔재를 모두 지우려 했는데, 마치 '기생'의 이미지 또한 그와 같은 부류와 취급을 받았다.

게다가 기생의 사회적 활동은 무슨 일이든 제약을 받기 일
쑤였다.

'대구 기생조합소에서 기생이 일어를 배우고 토요일마다 토
론을 했다. 대구경찰서에서는 즉시 해산을 시키며 기생 일동을
경찰서로 불러다가 엄히 훈계하기를 여자가 정치를 언론하는
것은 부녀의 덕을 문란케함이라고 효유하여 보내었다더라.'[68]

만일 기생이 아닌 다른 사람이 일어를 배우고 토론회를 했
다면, 그 이유만으로 비난을 받지는 않았을 것이다. '진주기
생은 반성하라'라는 제목으로 기자가 신문에 사설을 올린 내
용은 다음과 같다.

"심야에 길거리에서 창가나 음탕한 노래를 부르는 것은 편안
한 잠자리를 방해하므로 자제해 달라. 진주는 교육도시로 경남
에서 손꼽히는 도시이므로 풍기문제가 발생하니 기생들의 자제
를 바란다."[69]

기생을 대하는 차별적 시선은 실로 엄청난 것이었다. 한 여
성으로서 기생은 심각한 차별과 인권침해를 당했다. 사회의

질서를 어지럽히는 존재로 언론은 기생을 주목하고 있었다. 기생을 '공공의 적'으로 만드는 데 누구보다 언론은 앞장섰고, 대중들은 암묵적 지지를 한 것이나 마찬가지였다.

광복 이전부터 전쟁과 경제공황으로 권번이나 요리점에 사람들의 출입이 줄어들고 있었다. 가무를 제대로 하는 기생들이 자취를 감추게 되자 자격을 갖추지 않은 여성을 고용하여 술집에서는 영업을 하기 시작했다. 이러한 여성을 '접대부', '작부'라는 이름으로 부르기 시작했다. 언론과 대중은 술집의 접대부가 곧 기생이라는 어처구니없는 등식을 만들었다. 그리고 이러한 등식은 현재에 고착화되어 술집의 접대부가 기생이라고 생각하는 사람들이 대부분이다. 권번에 적을 두었던 기생은 이러한 사회적 편견과 지탄을 받으면서 신분을 감추기 시작했고 전통 문화유산은 영원히 사장될 위기에 처한 것이다.

직업과 비 직업의 기준 중에는 경제적으로 보수를 받는지의 여부가 있다. 이런 관점에서 교방과 권번에 소속된 기녀들은 교육을 받음과 동시에 일정한 금액의 보수를 받는다는 점에서 '직업예술인'으로 볼 수 있다. 교방과 권번은 교육을 통한 직업 창출을 이루는 일종의 직업예술학교 역할을 대신 했던 셈이었다.

광복과 더불어 더 이상 기생의 교육을 체계적으로 관리하

『매일신보』 1934년 6월 25일자.
1934년 모던 보이들 사이에 '멕고모자'와 흰바지가 유행했다. 모자는 구했지
만 흰바지가 없으니 흰바지를 그려서라도 들고 다녀야 한다는 풍자만화다.

는 곳은 사라졌다. 이것이야 말로 또 다른 해체이다. 그동안
교방으로부터 이어진 문화는 단절되고 시대는 기생과 교방에
대한 문화를 저급한 것으로 치부했다. 이러한 상황에서 전통
적인 교방의 가무를 배우기 위해서는 기생 출신의 선생님을
따로 찾아 가르침을 구하지 않으면 불가능한 것이 되었다.
진정한 기생의 해체는 이 시기에 일어났다.

 1945년 우리 민족은 일제의 35년간의 통치에서 벗어나게
되었다. 결코 짧지 않은 시간 동안 민족의 정체성과 문화는
찬탈당했다. 광복이 되었다고 모든 것이 일시에 제자리로 돌

아오지는 않았다. 시간이 필요했다.

나라는 혼란에 빠졌고, 당분간 국가 체제를 정비하는 데 시간이 소요되었다. 무엇보다 일제 치하에 있었던 문화를 청산하는 것이 주요 과제이기도 했다. 일제강점기 권번을 통해 활동하던 기생은 이제 구시대의 유물 취급을 당했다. 신지식인들과 이른바 '모던 보이'들은 기생의 전통춤과 노래 등은 진부한 것으로 생각하고, 대중가요와 영화와 같은 극장식 문화를 선호하게 된 것이다.

광복과 함께 기생들은 신분의 자유를 얻었으나 그것은 허울뿐이었다. 진정한 자유와 평등은 물론 예술적 성취를 할 수 있는 교육의 기회마저 사라졌다. 그동안 '기생'에 대해 불편한 감정을 지니고 있었던 사회적 환경으로 인해 기생들 스스로 신분이 노출되는 것을 꺼리게 되었다. 권번이 사라지자 기생들을 조직적으로 묶어주던 구심점이 사라졌다. 기생들은 '전통춤은 기생이나 추는 것'이라는 고정관념으로 인해 무대에서 춤을 추는 것을 꺼리게 되었다. 더구나 대중들은 노래소리보다 유독 춤에 더한 편견의 잣대를 겨누고 있었다.

광복 이후 한국 정부는 일본의 잔재와 구시대를 청산하기 시작했다. 이에 '권번'의 문화와 잔재도 역시 빠른 시간 내에 시대의 뒤안길로 사라졌다. 춤과 노래와 같은 무형의 유산은 전승자가 사라진다면 시간이 지나는 속도에 비례하여 급격히 단절되고야 만다. 대부분의 전통문화는 일제 치하에서 많이 단절되었지만, 교방의 문화는 오히려 광복 이후에 더 큰 해체와 단절의 상황을 맞이한다. 설상가상으로 '권번'과 같이 기생을 모집하고 체계적으로 양성하는 시스템이 멈추고, 그나마 기생의 신분이었던 사람들은 점점 나이가 들어 활동이 불가능한 상태에 이르렀다. 권번과 기생은 사라졌지만 여전히 사회는 국악 공부 자체를 기생이 배우던 것이라는 것으로 인식하고 있었다. 그렇다 보니 춤과 장고, 소리를 배우는 일반인을 모집하는 것이 쉬운 일이 아니었다. 심지어 권번 기생들에게 가무를 배우던 제자들은 "저기 기생 새끼들 지나간다."라고 조롱을 받기도 했다.

신분의 차별, 불평등, 편견과 같은 굴레 속에서 전통과 예술을 이어 나간다는 것은 결코 쉬운 일이 아니다. 최순이는 나라가 망하고 궁에서 진주로 낙향할 때 큰 절망감에 빠졌었다. 그러나 최순이는 또 다른 허탈감에 빠지기 시작했다. 권번에서 최순이가 가르친 제자들은 한창 기예가 무르익고 활동을 할 시기였는데, 구시대 청산이라는 온 나라의 흐름에 따라 운신의 폭이 좁아지게 되고 말았다.

용기 있는 기생 김봉랑

일제강점기 진주시 동성동과 대안동의 잘나가던

요리점들은 시가지 정리와 함께 정리되었다. 장대동에 남아 있던 일부 요리점들은 그 명맥을 유지하게 되었다. 퇴기가 된 사람 중에는 생계를 위하여 새롭게 요정을 오픈하여 운영하기도 했다. 진주 퇴기 김봉랑의 이야기를 통해 기생의 애환을 느낄 수 있다.

해방 전만 해도 아니 십 년 전만 해도 진주에는 '파리 수효보다 기생 수효가 더 많다'는 말이 나올만큼 '기생도시'로서 전국에 알려져 있었다. 이제 기생은 존재하지 않고 새로운 명칭인 '접대부'라는 용어가 등장했다. 접대부는 일본식 요정경영을 시작하면서 등장한 이름이다. 그나마 남아 있던 권번 자리는 1950년 전쟁으로 불타고 온데간데없이 사라져 버렸다. 진주 기생들은 삶의 터전과 생활방식을 잃어버렸다.

광복 이후 진주 권번에 적을 두었던 기생 중에 김봉랑金鳳娘은 생계를 위해 요정을 차려서 운영한 사람 중 하나이다. 김봉랑은 진주시 수정동에 '봉가'라는 이름있는 술집을 운영했다. 밤이면 창마다 들려 있는 연분홍 커튼 사이로 불빛과 장구소리가 새어나오고 잡가雜歌, 단가短歌의 옛 창소리도 흘러나왔다. 김봉랑은 손님들에게 직접 가야금을 연주해 주었다.

봉가의 주인 김봉랑金鳳娘은 진주 노기老妓이다. 조용한 술상이 나오자 '봉랑'은 옛곡인 〈가야금병창〉을 들려주고는 흘러간 32년간의 화류 생활을 이야기해주었다. 김봉랑은 3세 때

1950년대 진주 남강변에서 강물을 긷는 여성들의 모습. ©개천예술제 홈페이지
생활고에 시달리던 김봉랑의 어머니를 연상케 한다.

아버지를 잃고 홀어머니 슬하에서 가난에 쪼들리며 진주시 중앙동에서 자라났다. 홀어머니는 5남매를 거느리고 입에 풀칠하기에 무던히 고생했으나 굶기를 밥 먹듯 했다. 어머니는 배고파 우는 봉랑에게 주려고 일터에서 밥덩이를 남몰래 숨겨 가지고 와서 주기도 했다.

  1923년 무렵 15세로 자라난 봉랑은 어느 날 굳은 결심을 하고 어머니 앞에 나가 앉았다. "우리집도 남과 같이 먹고 살 수 있도록 제가 돈을 벌어야겠어요." 김봉랑은 한사코 말리는 어머니를 뿌리치고 기생학교인 진주 권번에 입학했다. 당시 진주 권번은 전국에서도 유명했고 각지에서 입학 지원자가 세도하여 요즈음 '여자대학'보다도 훨씬 입학하기 어려웠다. 그래서 다수의 학생을 수용하기 위하여 '3부제'로 수업하기도 했다.

기생학교 학생 중에는 졸업반인 3년생쯤 되면 벌써 애인을 마련하여 임과 함께 행방을 감추는 사례도 많았지만 김봉랑은 오직 학업에 열중하여 우수한 성적으로 18세 때 졸업했다. 김봉랑은 어느 사람의 소개로 B라는 한량에게 소위 머리를 올렸다. 그러나 B씨는 어디까지나 기둥서방에 불과했고 애정을 느껴본적은 없었다.

얼굴도 예뻤고 소리도 잘하며 가야금의 명수이기도 했던 김봉랑은 2년이 안가서 '진주명색名色'으로 이름을 떨쳤고 집안 형편은 윤택해졌다. 그러나 23세 되던 가을 홀어머니가 돌아가시자 봉랑은 크나큰 충격을 받았다. 의지할 곳을 잃은 봉랑은 가슴을 에는 듯한 슬픔과 고독감을 어찌하지 못하고 몸부림쳤다.

이때 김봉랑 앞에 나타난 순직한 농촌 출신 청년에게 뜨거운 애정과 불꽃같은 감정을 느꼈다. 마침내 김봉랑은 5년 여의 화류계 생활을 용감히 청산하고 J씨를 따라 농촌으로 시집갔다. 밭에서 김을 매고 3년 동안 농촌 생활로 돌아간 봉랑은 어쩌면 이때 평생이 가장 행복한 시절을 보냈는지도 모

1950년대 남강과 진주시가지. ©개천예술제 홈페이지

른다.

그러나 화류계 출신이라는 것이 억울하게도 흠이 되어 봉
랑은 농촌에서 뛰쳐나와 멀리 함흥으로 떠나가야 할 신세가
되고 말았다. 이곳에서 해방 직전까지 십여 년동안을 '진주기
생'으로서의 명성을 떨쳤다. 그리고 김봉랑은 군산으로 내려
가서 운거했다. 그후에는 전주, 이리로 전전하다가 지금의
고향인 진주로 돌아온 것이 6.25전쟁 직전이다. 모든 것이
꿈처럼 흘러가 버리고 이제 50의 고개를 넘은 김봉랑은 현재
영업중인 집 한 채와 기백만환의 빚과 가물가물한 한 줌의
옛 추억만을 남겨두었다.[70]

1958년 당시 신문 기사에 자신의 이야기를 실은 김봉랑은
참 용기있는 기생이다. 모두들 자신은 기생 출신이 아니라고
하는 시절이었기 때문이다. 1923년 진주 권번에서 3년간 공
부했다면 분명 최순이 선생님을 만났을 것이다. 춤과 노래,

악기를 권번을 통해 학습했기에 함흥, 전주 등에서 활동을 할 수 있었다. 전쟁이 끝나고 폐허가 된 진주에 다시 내려와 요정을 차려 운영했다. 가야금을 연주하고 단가를 부를 수 있는 것은 과거 권번 출신 기생이었기 때문에 가능한 것이다. 김봉랑이 운영한 요정이 진주 마지막 기생이 운영한 요정이 아닐까?

3장__직업예술인이 되다

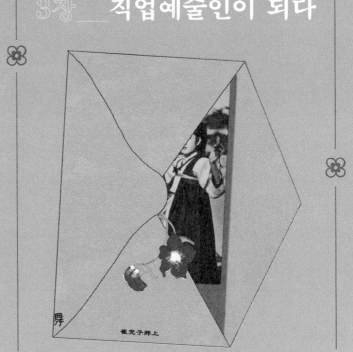

舞

崔完子拜上

대중의 곁으로 나아간 궁중예술

6.25전쟁이 발발하기 한해 전이었다. 최순이는 진주에서 큰 예술제를 만든다는 소식을 들었다. 바로 '영남 예술제'라는 것이다. 설창수라는 시인이자 예술가는 지역의 예술가들을 찾아다니고 있었다. 최순이는 축제라는 것이 낯 설고 생소하기만 했다. 그리고 예술제의 창립 회원들은 설창 수를 중심으로 한 문인들이 주축이었고, 다음으로 서예가, 화가, 서양 음악가들이었다. 소위 신문물을 배워 유학을 하 고 돌아온 예술가들로 구성된 것이다. 과거의 전통을 계승한 국악과 교방 문화는 주축이 되지 못했다. 최순이는 소외감을 느꼈다. '축제를 하는 데도 기생이 하던 춤과 노래는 환영받

지 못하는구나.'

진주에서 화려한 예술제가 열렸지만 권번 퇴기들의 무대는 중앙이 아니었다. 기생들이 추던 춤을 추려고 하는 사람도 드물었지만, 춤 자체에 대한 부정적인 이미지가 많았다. 그나마 발레, 현대무용과 같은 춤은 이미지가 나쁘지 않았다. 한국 전통춤에 있어서도 약간의 현대식 동작 기법을 가미한 소위 '신무용'이라는 것이 대세가 되기 시작했다.

영남예술제가 처음 개최되고 도시는 들뜬 분위기였다. 촉석루에서 하는 백일장을 둘러보고 최순이는 쓸쓸하게 봉곡동 어머니가 있는 집으로 돌아왔다. 어머니는 몸이 편찮으시고 거동도 제대로 못하셨다. 어머니는 권번의 선생으로 재직하는 최순이를 의지하며 소일을 하고 있었다. 최순이에게도 어머니는 이 세상의 유일한 혈육이었다. 최순이는 남들처럼 가정을 꾸리지 않고 어머니가 든든하게 버티고 계셨기에 자신의 일만을 묵묵히 해나갈 수 있었다.

소위 권번에서 인기 있는 기생들은 남편을 얻어 평범한 삶을 영위하기도 했다. 그러나 최순이는 권번의 스승으로 평생 홀로 제자들을 가르치는 것을 보람으로 여기며 살았다.

영남예술제의 마지막 날 집으로 돌아온 최순이는 어머니가 누워 있는 모습에 불안안 직감을 느꼈다. 이미 며칠 전부터는 미음도 제대로 넘기지 못할 정도로 기력이 쇠진한 어머니였다. 어머니는 최순이를 보자 희미한 눈동자만 깜박거리고 있었다. 어머니는 최순이에게 무언가를 말하려는 듯했다. 아마도 이 세상에 혼자 남겨두고 가는 마음이 안타까운 마음이었으리라.

세상에서 일어나지 않았으면 하고 바라는 일들이 언젠가는 꼭 일어나고야 만다. 그날이 최순이에게 다가온 것이다. '아, 이제는 나의 하늘이 없어졌구나' 하늘이 사라진 세상을 깜깜한 동굴과 같다. 그렇게 최순이는 어머니를 보내고 또 몇 날 며칠 아니 몇 달을 시간이 멈춘 곳에서 스스로를 가두었다. 누워 자던 베개에 눈물이 흥건이 젖어 잠을 설치고 일어났다. 그리고 1년이 지났다.

❖

1950년 6.25전쟁이 발발하여 온 나라에 공습경보가 울리기 시작했다. 최순이가 살던 진주도 예외는 없었다. 폭격이 시작된 것이다. 전쟁으로 인한 공포와 생에 대한 의지가 교차되고 있었다. 잠시 하동으로 피난을 떠났다 진주로 돌아온 최순이는 어머니와의 추억이 서린 봉곡동 집이 이미 불타고 없어진 것을 확인했다. 설상가상으로 권번 자리마저 없어지고 말았다. 최순이는 상봉서동에 작은 거처

하나를 마련했다.

일제강점기 견습 기생만 백여 명을 유지했던 진주 권번은 전쟁으로 불에 타서 폐허가 되었다. 당시 권번뿐만 아니라 진주성과 진주 시가지 대부분이 폭격을 맞았다. 권번에 적을 두었던 기생들은 광복 이후 진주시 옥봉동에 몰려들어 주거지를 이루었다. 생계가 막막한 기생들은 옥봉동에 거주하며 개인적으로 강습을 하기도 했다. 그렇다 보니 권번이 사라졌는데도, 여전히 일반인들은 기생이 가르치고 있는 개인 교습소를 '권번'이라고 불렀다. 진주는 그만큼 권번의 기생이 차지했던 비중이 컸다.

최순이는 불타 없어진 시가를 뒤로하고 계속해서 춤을 가르칠 방법을 고민했다. 그녀 나이 이제 50대가 되어 현역으로 무대에서 공연할 나이는 아니었다. 조용히 집에서 여생을 보내며 소일거리로 시간을 보낼 만한 거리를 찾는 그런 시기였다. 그런데 진주 권번으로부터 이름난 최순이의 명성은 진주 국악계에 알려지게 되었다. 때마침 국악을 하던 몇몇 유지들이 모여 '진주국악원'을 설립했다.

초창기 진주국악원은 진주성 촉석루 안 현재 매점이 있는 자리에 있었다. 말이 국악원이지 사설 조직으로 운영되는 것이어서 시나 국가의 보조금을 받는 단체는 아니었다. 그렇지만 이곳으로 과거의 기생들은 하나둘씩 모여들었다. 기생들

뿐만이 아니라 노래와 국악의 전반에 관련된 사람들의 모임
이었다. 장소가 마땅치 않을 때는 시청의 회의실을 빌려서 사
용하기도 했다.

　권번이 해체된 이후 기녀들을 비롯한 노기, 기녀들을 가르
치던 기생 등은 어느 곳에 소속할 곳을 찾지 못했다. 그것은
비단 기녀만의 문제가 아니었다. 모두가 전쟁으로 터전을 잃
은 상황이었다. 최순이는 폐허가 되어 버린 환경에서 삶에 대
한 의지가 약해질 때쯤 다시금 마음을 다잡았다. 그러던 중
연습할 장소와 기녀들이 모일 거점을 마련하기 위해 '진주국

악원'이라는 명칭 아래 공연 활동을 이어 나갔다. 최순이도 매일 진주국악원으로 출근했다. 그런데 대부분의 사람들은 장구를 배우러 올 뿐이었다.

진주국악원에는 악기, 장고, 춤, 시조 등을 가르쳤다. 오재삼이 단소를 맡아 가르쳤고, 우극삼이 대금을 김종옥이 피리를 맡았다. 악기를 배우고자 하는 사람은 드물었었지만, 설사 배운다고 하더라도 일반인들은 꽤 시간이 많이 걸렸다.

최순이는 국악원에서 '가곡'을 지도하려고 했다. 그런데 일반인들이 가곡의 어려운 선법旋法을 이해하기에는 인내심이 부족하다고 판단했다. 그리고 권번에서부터 가곡보다 시조를 더 많이 애창했다. 매우 느린 장단의 가곡은 과거 사대부 중에서도 애호가들이 선호하던 곡이었다. 일제강점기 요리점이나 잔치집에 초청받은 기생은 판소리나 시조창을 더 많이 선호했다. 최순이가 교방에서 늘 부르던 가곡의 쓰임이 점점 줄어들고 있는 세태였다.

몇 남지 않은 과거의 기생들을 중심으로 춤과 노래를 가르치기 시작한지 3년이 지났다. 시대가 바뀌어 기생이 하던 예술은 '국악'이라는 새로운 장르에 속하게 되고 국악인은 '예술가'로 불리게 되었다. 그러나 장고를 치고 전통춤을 배우는 것에 대한 곱지 않은 시선은 여전히 남아 있었다. 새로운 세상에 적응해 나갈 무렵 최순이는 50을 훌쩍 넘긴 나이가 되었다. 과거 궁중의 임금님 앞에서 춤을 추었던 화려한 시절을 기억해주거나 알아주는 사람은 없었다. 혹여 최순이가 선상기로 궁에 갔던 시절을 이야기한다고 해도 관심있는 자가 없었다. 최순이는 점점 사람들과의 말문을 닫게 되었다.

진주국악원에 과거 권번에서 가르친 제자 김진숙이 들어왔다. 진주 권번에 17세의 나이로 입적한 김진숙은 최순이가 가르친 학생이다. 김진숙은 9세 때 아버지를 여의고 보통학교도 다니지 못했다. 할머니가 워낙 완고하여 기를 펴지 못하다가 언니집에 놀러온 서울 이모를 따라 무작정 상경했다. 이미 권번에 나가고 있던 이종사촌 언니를 따라 서울 광교廣橋부근에 있던 조선 권번에 자연스럽게 동기로 입적됐다. 그리고 진주로 내려온 것이 1933년 17세 무렵이다. 김진숙은 그렇게 진주 권번에서 최순이를 스승으로 만나게 되었다. 김진숙은 최순이가 진주국악원에 나간다는 소식을 듣고 따라나갔다.

권번에서 가르치던 제자들을 중심으로 진주국악원의 무용강습반을 개설했다. 이때부터 검무를 일반인들에게 가르치기 시작했다. 처음에는 4명, 8명을 가르쳤고, 나중에는 10명 가까이 회원이 늘어났다. 물자가 부족한 시대였기에 검무용 칼한 쌍을 구입하는 것도 꽤 힘든 시기였다. 그나마 경제적으로 여유가 있던 여성들이 검무를 배우러 들어왔다. 이제 기생이 아닌 일반 대중들에게도 검무를 가르칠 시기가 온 것이다. 최순이는 임금님 앞에서 추던 검무를 권번의 기생들에게 가르친 것에 이어 이제는 일반여성에게 가르치게 되었다.

최순이는 어릴 때부터 배웠던 춤과 노래를 그대로 썩힌다는 것이 너무나 아쉬웠다. 하루이틀 몸을 움직이지 않는다면 춤의 순서는 잊힐 것이고, 가곡과 시조를 연습하지 않는다면 노래 가락과 곡조를 다시 떠올리기는 어려울 것 같았다. 자신이 태어난 이유 그리고 지금까지 삶을 이어온 유일한 것이 춤과 노래였다.

사람들은 최순이에게 '기생'이라는 꼬리표를 붙이고 싶어 했다. 그러나 최순이는 임금님 앞에서 춤을 추었던 화려하고 찬란했던 경험을 잊을 수가 없었다. 그 몇 번의 경험은 마치 묘약과도 같아서 사람들의 냉대에도 아랑곳하지 않고 '예술의 길'을 향해 꿋꿋하게 걸어갈 수 있게 했다. 사랑의 묘약처럼 자신의 영혼이 점점 빠져들어 그 속에서 행복감을 느끼게 된다. 일상의 시간에서 비일상의 시간으로 들어갈 수 있는 것이 바로 춤의 시간이었다. 최순이는 일반 대중들도 다 함께 느낄 수 있는 그런 춤을 전달하고 싶었다.

그러나 전쟁으로 폐허가 되고 굶주림 속에 살아가는 사람들에게 예술의 혼을 심어준다는 것은 결코 쉬운 일이 아니었다. 최순이 자신마저도 눈앞에 닥친 생계의 문제를 해결해야만 했기 때문이다. 그렇지만 다른 길을 선택하지 않았다. 궁으로 간 것도 다시 고향을 선택한 것도 모두 최순이 본인의 의지였다. 이제 남은 시간들을 끝까지 이곳에서 펼쳐야만 했다.

국립국악원 단원과의 운명적 만남

사람의 일생에서 만나는 수많은 사람 중에서 자신의 운명을 바꿀 수 있는 만남은 많지 않다. 그리고 운명적인 '인연'은 계획한다고 이루어지는 것도 아니다. 그것은 생각지도 못한 장소와 시간에 이루어진다.

먼 미래의 우주의 순행원리를 현재는 알지 못하지만 이미 예정된 시간에 어김없이 나타나는 것과도 같다고 할까. 진주에서 태어난 최순이가 궁으로 가게 된 일과 국가무형문화재 '진주검무'가 탄생하게 될 운명은 정해져 있었을까? 최순이는 생면부지의 김천흥을 만나게 되리라는 것을 꿈에도 생각지 못했을 것이다. 그리고 그 만남은 훗날 엄청난 결과를 만들었다.

전쟁이 발발하기 1년 전인 1949년 진주에 영남예술제가 출범했다. 전쟁 후 예술제가 다시 열리리라고는 아무도 상상하지 못했다. 그런데 전쟁으로 인한 복구가 채 다 되지 않은 1951년에 영남예술제는 '개천예술제'라는 이름으로 다시 열리게 되었다. 1951년이라고 갑자기 평화로운 세상은 아니었다. 그렇기에 진주에서 예술제를 기획했다는 것 자체만으로도 기적적인 일이었다. 그러던 어느 날 개천예술제 추진위원회는 국립국악원* 팀이 때마침 피난 차 부산에 내려와 있다는 소식을 전해 듣게 되었다.

국립국악원 직제는 1950년 1월 대통령령으로 공포되어 개원의 만반의 준비를 했지만 전쟁으로 중단되었다. 전란 중에 국립국악원은 부산으로 피난을 가게 된 것이다. 부산에서 자리잡은 곳은 '가청사'라는 곳인데 부산 동광동 1가 20번지 구 시립도서관 자리 목조 2층 건물을 사용하고 있었다. 30평 남짓의 청사의 바닥에는 마룻바닥으로 양탄자를 깔았는데 낮에는 모여서 연주 연습을 하고, 밤에는 그대로 침소의 구실을 했다.

1952년 11월 개천예술제 추진위원회는 서울에서 부산으로 피난 온 국립국악원에 연주단 공연을 의뢰했다. 국립국악원 전원이라야 20명 미만이었는데, 원장과 한두 명을 제외한 전 인원이 참여했다. 피리에 김준현과 김태섭, 대금에 김성진, 당적 김기수, 해금은 김만홍과 이덕환, 장구에 박영복, 거문

---

* 궁중 장악원이 전신으로 1951년에 부산시 동광동의 한 목조 건물에서 개원한 국립 예술 기관이다.

『개천예술제 40년사』, 1991, 개천예술제 40년사 편찬위원회.
1950년대 개천예술제에 초대된 국립국악원 단원들.

고에 김상기, 가야금에 김영윤, 양금에 김천흥, 가곡에 홍원기, 경서도창에 이창배, 가야금산조에 심상건, 특별출연 판소리의 김여란 등 전 인원이 참석했다.[71]

연주를 하기 위해 진주에 도착한 국립국악원 팀은 설계준 씨가 경영하던 동명여관東明旅館에 여장을 풀고 거리로 나가 화려하게 생긴 아치와 선전탑, 길옆 좌우에 담아놓은 깃발과 오색등을 훑어보다 토산품들이 즐비한 장거리와 손님 맞을 준비로 분주한 음식점 등을 뒤로하고 촉석루로 걸음을 재촉

했다.

　서울에서 진주까지 일부러 오기는 힘든 거리였다. 그래서 진주시에서 특별히 진주를 안내하고 해설해줄 사람을 붙여주었다. 말로만 듣던 촉석루와 남강의 의암義巖을 볼 기대에 부풀어 있었다. 고색이 은은한 비봉루에 올라 시내 정경을 본 후 논개의 영정을 모신 의기사당에 들러 분향하고 바로 옆의 촉석루에서 굽이쳐 흐르는 남강을 바라보았다. 정면으로 내려가 의암을 보고 여관으로 돌아오는 길에는 논개와 창렬사에 얽힌 이야기를 들었다.

　진주국악원에서 검무와 시조를 가르치며 제자를 양성하고 있던 최순이는 국립국악원 연주팀이 진주에 온다는 소식을 듣고는 잠을 이룰 수 없었다. 서울의 국악원 소속단원이 부산에 있다는 소식을 듣고는 평소 말문을 닫고 소극적으로 춤만 지도하던 최순이는 갑자기 심장이 뛰는 것을 느꼈다. 권번에서는 지정된 악사가 있어 공연이 있을 때 검무 음악을 연주해 주었다. 그러나 광복을 지나 전쟁을 겪고 난 후 권번이 해체되면서 악사들도 온데간데없이 사라진 상황이었다.

　평소 제자들에게 검무를 가르칠 때 음악 없이 장구 장단만으로 지도를 해오던 터라 최순이는 궁중 음악에 대한 심한 갈증을 느끼고 있었다. 춤이라는 것이 선율악기의 흐름에 따라 표현력이 달라지는 것인데, 장구 장단만으로는 한계가 있었다. 그래서 춤을 지도할 때 대금의 선율을 "띠띠 띠루리 나 니나~" 하고 구음으로 전달하려고 애써보았지만 실제 대금 소리와는 견줄 수 없는 것이었다. 내 제자들에게 궁에서 춤을 출 때 경험했던 그 악사들의 반주를 들려주고 싶었다. 그래서 최순이는 한달음에 시청으로 달려갔다.

"내 제자들이 개천예술제에서 검무 공연을 하기 전에 국립 국악원 악단의 연주에 연습을 맞추어 볼 수 있는 자리를 부탁드립니다." 누구에게도 머리 숙여 부탁해 본 적이 없던 최순이는 머리가 땅에 닿도록 청을 했다. 제자들에게 궁중 악사의 반주 없이 춤을 가르친 것이 항상 마음에 걸리던 최순이였다. "이것은 진짜 검무 공연이 아니다." 최순이는 생각하고 또 생각해왔다. 최순이는 궁중에서의 춤을 그대로 전승하고 싶은 마음이 강했다.

드디어 밤이 되자 최순이는 진주검무 단원들을 데리고 동명여관으로 갔다. 당시 국립국악원의 양금 연주자로 진주에 왔던 김천흥金川興, 1909~2007은 다음과 같은 회고문을 남겼다.

진주에는 악사가 없어서 그렇다며 우리에게 검무의 음악 연주를 부탁해왔다. 출연자들을 보니 60~70세의 고령자들로 춤을 출 연령이 아닌 듯하여 참 놀랍고도 희한한 느낌이 들었었다. 여하튼 여관 넓은 방을 택해 연습을 시작하자 각기 두 손목에 색한삼色汗衫을 맨 8인이 팔검무八劍舞를 추기 시작했는데 색한삼을 맨다는 것과 초입부를 긴 염불장단에 맞춰 추는 점등이 서울에서 보아온 검무와 달라보였다. 본 행사에서 팔검무를 출 때는 긴염불, 느린타령, 빠른타령, 몹시빠른타령 등의 음악을 사용했고 장구잽이로 앉은 진주 여자의 가락에 반주악사들이 맞춰나갔다.

　큰 어려움 없이 연주를 끝마치자 팔검무를 이끌던 최완자順伊 여사는 몹시 놀라워하며 자신이 조선말 고종 잔치 때 서울에 올라와 장악원에서 지낸 적이 있다며 당시 얘기를 해줬다. 그때 진주검무의 내력을 알게 된 것인데, 검무는 원래 궁중계열宮中系列의 무용으로 조선조 말까지는 서울과 지방 여러 곳에서 전해지다가 그 후 해방 전까지 기녀계妓女界에서 추어져 온 것이었다. 이때껏 서울에서 추는 검무만을 보아온 나는 궁중검무宮中劍舞의 원형은 진주검무에 간직돼 있음을 느낄 수 있었는데, 그 첫째 이유로는 조선조말 궁중잔치에서 이춤을 실연했다는 최완자 여사가 생존해 있어서 그 전승 과정을 확인할 수 있었기 때문이고, 둘째로는 두 손목에 색한삼을 매고 긴염불장단에 맞춰 춤춘다는 점이 그랬다. 이런 역사성이 인정되며 1967년에는 진주검무가 중요무형문화재 제12호로 지정됐고 현재까지 전승되어오며 장학생을 양성하고 있어서 후세에 길이 전해질 수 있는 기반이 마련됐다.[72]

그가 밝힌 것은 궁중 기녀계의 검무에 관한 것이다. 그는 최순이에 대한 구술을 여러 지면을 통해 소개했다. 훗날 진주검무가 무형문화재로 지정되기 전인 1952년에 그는 최순이를 진주에서 만났다. 그의 말을 들어보자.

'이 검무는 내가 1952년 진주에 생존에 있던 진주 교방 출신의 최순이 여사를 통해 들은 것이다. 최 여사는 14세에 서울에 소집되어 장악원에 설치되어 있는 진연도감청에서 학습한 후 고종황체 앞에서 춤을 추었다는 실담을 들었고 더욱 최 여사가 당시 장악원 악사들 명단을 설명할 때 더욱 심증을 굳게 한 사실이다. 그 뒤 진주에서는 검무를 매우 소중하게 취급했고 풍성하게 추어서 진주에서는 춤 하면 검무를 첫손가락에 뽑았다고 했다. 이와 같이 역사와 전통이 뚜렷했기 때문에 최 여사의 계통을 고스란히 이은 제자들이 지금도 7명이 생존해 있는데 65세에서 75세의 고령자들이다. 이 춤은 기녀사회에서 뿌리를 두고 구한말을 거쳐 35년간에도 진주 사회에서는 끊이지 않고 추어왔으며 특히 논개 사당의 제사를 올릴 때는 반드시 이 춤을 추었는데 일본인의 감시가 심한 관계로 비밀리에 한 때도 있었다고 한다.

다른 검무와 다른 점은 우선 춤 시초에 한삼을 두 손목에 메고 추는 것과, 그다음은 6박 장단의 도드리곡을 사용하는 것이다. 그리고 기타는 서울 기녀 계통의 검무와 유사성이 많으나 숙은사위, 입춤사위, 방석돌이, 앉은사위 등 독특한 사위가 들어있는 것이 특징이다.'[73]

1952년 김천흥을 만날 당시 최순이는 이미 60의 나이에 접어들었다. 최순이는 궁중에 있던 장악원 악사들의 이름을 모두 기억했다. 이는 궁중에서 오래토록 연습하고 춤췄던 최순이었기에 가능했던 일이다.[74] 김천흥은 일제강점기 1922년 이왕직아악부 양성소 2기 출신이다. 김천흥은 이왕직아악부에서 문묘제례악과 종묘제례악의 악곡과 악기를 익히고 있었다. 전공으로는 해금을, 부전공으로 양금을 선택했다. 그러던 그해 가을 뜻밖에도 춤을 추는 남자 무동舞童으로 선발되었고, 당시 춤을 추는 무동은 총 11명이었다.

5개월의 연습 끝에 1923년 3월 25일 순종황제 오순五旬 탄신 경축 진연이 창덕궁 인정전에서 열리게 되었다. 이때 김천흥과 무동들은 춤을 추게 된 것이다. 김천흥은 포구락, 무고, 가인전목단을 추었다. 무용 의상은 단령團領에 각띠를 매고 녹수화錄繡靴를 신었으며, 머리에는 망건을 매고 부용관芙蓉冠을 썼다. 이 의상 중 망건에는 금관자金貫子를 붙였었는데, 당시의 예법으로 금관자는 최소한 벼슬이 정승의 위치 정도 되어야 붙일 수 있는 것이었다.[75]

1907년 이후 궁중에 있는 관기와 궁녀들을 외부로 내보냈다. 그래서 진연에서 춤을 출 수 있는 여령女伶이 없었다. 일본은 최소한의 음악인만 남겨두고, 음악을 양성하는 기관으로 이왕직아악부라는 명칭으로 교체했다. 사실상 음악을 관장하는 '장악원'이라는 명칭 대신 이왕가의 아악부라는 기관으로 격하시킨 것이었다.

이왕직아악부에서는 종묘제례악과 문묘제례악 등 최소한의 궁중 음악을 유지하고 있었다. 그러나 일본의 내정간섭으로 연례적으로 행하던 궁중의 진연을 매번 할 수는 없는 일이었다. 그러다가 1923년 순종황제의 50세가 되는 경축 공연을 하려고 하니 춤을 출 수 있는 여령이 없었다. 궁여지책으로 음악을 배우기 위해 들어온 아악생 중에서 키가 작고 몸집이 작은 사람 중에서 무동을 선택했던 것이다. 이렇게 김천흥은 이왕직아악부에서 궁중춤을 배우게 되었다.

김천흥이 이왕직아악부에서 배웠던 스승 중에는 김영제, 함화진, 이수경이 있었다. 이 스승들은 장악원에서부터 가르치던 스승들이었다. 자연스럽게 김영제, 함화진, 하규일은 이왕직아악부에서도 학생들에게 노래와 악기, 춤을 모두 지도했다. 김천흥을 지도했던 선생님들은 최순이와 같은 선상기들도 지도했다. 아주 오래전 일이지만 궁중에서 있었던 스승과의 경험으로 인해 김천흥은 최순이의 존재를 아주 특별하게

생각하게 되었다. 김천흥은 최순이를 통해 다시 궁중 연향의
장소로 되돌아간 것만 같았다.

세월이 많이 흘러 60이 넘은 고령의 최순이의 존재는 진주
에서는 잊히고 있었다. 어쩌면 역사에서 영원히 기록되지 않
을 수도 있었다. 그러나 궁중악사와 무동으로 있었던 김천흥
과의 만남으로 인해 '선상기 최순이'는 되살아났다. 과거 기
품있고 화려했던 궁중 진연의 광경을 그대로 기억하고 있던
김천흥과 최순이의 만남으로 인해 진주검무의 역사성과 가치
또한 인정받게 된 셈이다.

그동안 장구 장단에만 추던 검무는 국립국악원의 반주 음
악에 훨씬 더 생동감 있는 춤사위를 연출할 수 있게 되었다.
이렇게 여관에서 임시로 음악을 맞춰 본 최순이와 제자들은
다음날 개천예술제에 마련된 가설무대에 출연하게 되었다.
최순이의 큰 용기가 낳은 결과였다.

개천예술제와 최순이

　　　　　　1945년 해방이 되자 많은 예술가들이 일본이나 기타 외국에서 고향으로 돌아왔다. 차츰 그들의 활동이 활발해졌고 1949년에 시인 설창수, 화가 박생광, 서예가 오제봉, 시인 이경순·박세재, 음악가 이용준 씨 등이 주축이 되어 개천예술제가 탄생되었다. 당시 진주에는 문건화랑 또는 문건다방이라고 해서 예술인들이 많이 모이는 다방이 있었는데, 화가인 박생광이 경영을 했다.[76] 이 다방에는 화가 이중섭을 비롯한 수많은 예술인들이 거쳐 가며 예술과 인생을 담화했던 곳이다. 개천예술제는 그야말로 현대식 축제라 할 수 있었다. 우리나라 현대 축제의 개시를 여는 개천예술제의 구성은 변론·음악과 무용·영화·고전가무·시낭송·문학·미술 작품 공모 전시·사진 예술 공모 전시로 구성돼 있었다. 초창기 '무용'과 '고전가무'는 무용학원이나 진주여고 무용부에서 담당했다.

　진주에서 우리나라 최초의 축제를 만든다고 떠들썩한 분위기였다. 모처럼 세상이 생기있어 보였다. 최순이는 60세가 넘은 고령으로 '이제는 은퇴를 할 때가 되었구나'라고 생각했다. 그러나 국립국악원과의 운명적 만남 이후 다시 열정이 솟기 시작했다.

"이제 남은 인생은 혼신의 힘을 다하여 검무를 위해 살아야겠다. 지금 내가 이 끈을 놓아버리게 된다면 후인들은 이 문화를 영위할 수 없겠구나. 다음 세대에 문화의 꽃을 피우게 하기 위해 다시 힘을 내봐야겠다."

　최순이는 진주국악원에서 일반인들에게 춤과 노래를 지도 했지만 일반인들이 개천예술제라는 큰 무대에 서기에는 실력이 부족했다. 그래서 최순이는 직접 공연에 서기로 결심했다.

　1952년 제3회 개천예술제 특별행사는 진주성 공원에 임시 가설무대에서 열렸다. 11월 19일부터 24일까지 '고전가무'라는 명칭으로 예란, 모추월, 최완자최순이가 공연을 했다. 국립국악원 이주환 원장 외 13명의 아악 반주팀이 최순이의 고전가무 반주를 해주었다. 고전가무라고 기록된 것이 아마도 검무였을 것이다. 개천예술제가 열리기 하루 전날 이미 국립국악원 악사들과 검무의 반주를 조율했었기 때문이다. 후일에 김천흥이 개천예술제 임시무대에서 가장 선연한 기억으로 남은 것은 '진주팔검무'였다고 했다.

　국립국악원과 개천예술제와의 인연은 오래되었다. 1953년 제4회 개천예술제에 진주국악원 팀들이 초대되었다. 2일째 날인 11월 10일 하오 6시, 영남극장에서 '고전가무'라는 제목으로 공연이 있었다.[77] 이날의 공연프로그램에는 국립국악원 일행과 진주국악원팀의 합동 공연이었다.

- 아악: 국립국악원일행
- 고전가요_{진주국악원}
- 악사: 김종옥_{세금}, 우극삼_{대금}, 오재삼_{단소}, 김채옥_{장단}
- 악곡: 상현 세환입, 염불·타령
- 시조: 이태우_{오조}, 강편호_{반평}, 김재정_{평조}
- 지휘: 김동전
- 농악: 영남명수 20명
- 고전가요: 향곡 여사, 모추월 여사, 김진숙, 최완자, 임한산

최순이는 고전가요라는 제목으로 출연했는데, 사실 이 프로그램만 본다면 최순이의 존재를 아무도 모를 것이다. 게다가, '여사' 호칭까지 쓴 향곡, 모추월이라는 사람이 앞에 있다. 최순이는 진주에서 공식적으로 최완자로 더 많이 불리었다. 임한산은 진주 권번 기생 출신으로 최순이와 연령대가 비슷하다. 김진숙은 1918년생으로 17세에 진주 권번 입적하여 최순이에게 춤을 배웠다. 당시 최순이는 62세, 김진숙은 35세의 나이가 된다. 즉 '고전가요'의 순서에 스승인 최순이와 제자인 김진숙이 함께 한 것이다. 임한산과 김진숙은 최순이로부터 배워서 공연무대에 함께 선 셈이다.

『근대 도시 진주』, 2023, 경상국립대학교박물관.
서종숙 씨가 낡은 진주좌를 인수하여 1939년경 신축한 진주극장의 모습.

1970년대 진주극장의 모습.

향곡, 모추월은 국악원에서 강습받은 일반인이다. 프로그램 절차상으로 앞에 이미 시조창을 불렀기에 최순이 일행은 무슨 내용으로 공연했을지 궁금하다. 향곡, 모추월, 김진숙, 최완자, 임한산 5인은 개천예술제 4일째 날인 11월 12일에도 고전가요에 출연했다.

1954년 제5회 개천예술제 제1일인 10월 29일 하오 1시 정각 진주공원 대가설무대에서 향곡 여사, 모추월 여사, 김진숙, 최완자, 임한산은 진주아악연구회 소속으로 고전가요에 출연했다.[78]

드디어 진주에서 '검무'라는 이름으로 공연 명단에 최순이가 올라왔다. 1954년 10월 31일 하오 6시 정각 진주극장이다. 이때 최완자, 이옥희, 김하산이 출연했다. 진주극장은 당시 진주 최고의 작품과 공연이 상연되던 장소였다. 고전가요는 진주국악원, 아악의 특별연주는 국립국악원, 승무는 진주무용연구소에서 맡았고, '검무'라는 명칭으로 최순이 일행이 공연했다. 당시 최순이가 62세의 고령으로 춤을 추었던 것으로 보아 그동안 계속 검무를 지도하고 있었음을 짐작케 한다.

다시 제5일째인 11월 2일에는 향곡, 모추월, 최완자, 임한산, 김정숙이 진주국악원 소속으로 '고전가요'에 출연했다. 아마 최순이는 춤을 지도하다가 한번 출연한 뒤에 시조나 단가 등을 불렀던 것으로 보인다.

진주극장 자리는 일제강점기 진주의 일본인들이 중심이 되어 1914년 연극장인 영좌榮座를 건립한 곳이다. 그러나 영좌는 1917년 폐업하고 그 자리에 진주좌晉州座가 들어섰다. 1922년 준공을 하여 1923년 진주좌로 개관하고 '경남 제1호 공연장'으로 허가된 진주지역 최초의 극장이다. 1936년 2월 19일 진주의 서종숙徐宗淑씨는 진주좌를 인수하여 최신의 영화관으로 개축하고 이름도 우리식 이름인 진주극장으로 고쳤다.[79]

1957년 제8회 개천예술제의 특별행사는 11월 24일~29일 19시 진주극장에서 개최되었다. 진주국악원 일행은 창극, 무용, 가창, 시조 기악을 공연했다. 이날 검무는 박옥자, 오순순, 조경자, 김정심이 출연했다. 그리고 최순이는 시조창을 불렀다. 박경중, 서한용, 김연화, 김상일, 권재모, 여기호, 박희수와 함께 출연했다. 검무에 출연한 사람은 최순이가 지도했던 일반인일 것이다.

1958년 제10회 개천예술제 제1일인 11월 3일 특별출연으로 상오 10시 정각에 진주공원 대가설무대에는 진주국악원에서 '검무'와 '풍류'를 공연했다. 제6일 11월 8일에도 진주국악원에서 총 24명이 출연했다. 검무에 변판선·유연자·오필순·최학선이 출연했다. 악기의 반주는 장고와 대금 반주로만

214

이루어졌다. 대금 반주에는 김죽도·방여천·이순조가 장고는 이남전이 맡았다. 풍류로는 양금에 최완자·김진숙·오필순·최학선이 있었다. 이날 굿거리무도 추었는데, 변판선·유연자·오필순·최학선으로 이들은 검무에도 출연한 복수 출연자이다.

최순이가 개천예술제에서 연주한 양금은 교방에서부터 배운 것이었다. 진주 교방에서 제일 처음 배우도록 한 악기는 양금이었다. 선상기로 올라가서 궁에서도 악기연주를 했을 가능성이 있다. 진주 권번에서 양금을 다시 연주했고, 제자인 김진숙에게도 양금을 가르쳐 왔다.

1960년 제11회 개천예술제의 특별행사로 진주국악원에서 시조창에 최완자·김상일·이남전·송의학·여기호·박경중이 출연했다. 검무는 김미자·최경하·염정례·이정순 4명이 출연했다. 이외에 단가, 가야금병창, 승무, 나비춤, 굿거리춤, 새타령 등을 무대에 올렸다. 1960년대까지 하나의 종목 공연시간이 20분 이상 소요되었다. 오늘날에는 한 작품당 최소 5~6분 길어야 10분을 넘지 않는다. 그 시대의 음악문화는 당대의 문화의 호흡을 여과 없이 보여주는 것이다. 60년대 문화를 즐기던 세대는 풍류와 함께 누구나 할 것 없이 한恨의 정서가 있었다. 따라서 그러한 정서를 반영한 음악과 춤을 느낄 수 있었던 것이다.

『개천예술제 40년사』, 1991, 개천예술제 40년사 편찬위원회.

1960년대 개천예술제 사진으로, '가족계획 이전'이라는 플래카드를 든 사람 뒤로 진주검무 복식을 한 4명이 가장행렬에 참가하고 있다. 전립과 쾌자를 착용하고 한삼을 낀 채로 걸어가고 있다. 진주국악원에서 최순이가 검무를 가르쳤는데, 그 제자들일 것이다.

1952년 제3회 영남예술제의 가장행렬 모습. ⓒ개천예술제 홈페이지

개천예술제에서 가장행렬을 한다고 했다. 제6회 개천예술
제에서 축제를 축하하는 행사로 가장행렬과 유등대회 등을
개최했다. 가장행렬은 일반부와 학생부로 나누어 본격적인
경연 종목으로 격상시켰다. 진주시 각 단체에서 가장행렬을
하기 위해 준비했다. 진주국악원에서는 진주검무팀을 가장행
렬에 출전시키기로 했다. 시내 중앙과 간선도로의 일부 차량
을 통제했다.

최순이는 1960년 제11회 개천예술제까지 출연하였다. 그
런데도 최순이가 공연했던 기록은 어디에도 보이지 않는다.

최순이는 진흙 속에 묻혀 있던 문화의 원형을 발굴하고 전
수하여 무형문화재로 꽃 피우게 한 숨은 조력자임에는 틀림
없다.

진주검무의 뒤편에 서서

　　우리나라 문화유산의 단절과 소멸의 속도가 가
장 큰 기간은 1945년부터 1960년대 사이이다. 이 시기에 무
형의 문화재들은 전승되지 않을 위기를 맞딱드린다. 목공예
와 단청 기술과 같은 기술들은 사람이 기능을 직접적으로 전
해주어야만 전승이 가능하기 때문이다. 춤과 음악과 같은 예
술의 무형문화재는 세대 교체가 원할하게 되지 않는다면 단
절의 속도가 빨라지게 된다.

　정부는 1960년대 유·무형의 우리나라 문화유산을 보호하
기 위한 법적인 제도를 마련하는데, 1962년에 제정된 문화재
보호법이 그것이다. 이에 따라 전국적으로 문화재를 전수조
사하고 다양한 보호조치를 마련하기 시작한다. 1964년 문화
재보호법 시행 규칙이 제정되었는데, 제8조 중요무형문화재
의 지정 기준은 "다음 각호의 1에 해당하는 것으로서 역사
상·예술상 가치가 크고 향토색이 현저한 것으로 한다."라고
규정했다. 중요무형문화재의 첫 지정은 1964년 12월 7일에
「종묘제례악」, 「양주별산대」, 「꼭둑각시놀음」 등 3종이다.[80]
종묘제례악의 첫 무형문화재 지정을 시작으로 전국에 단절
위기에 있는 무형문화재를 발굴하기 시작했다.

　진주에도 단절 위기에 있었던 무형문화재가 있었는데, 바

로 진주검무다. 문화재관리국에서 중요무형문화재 지정을 위해 1966년 진주에 조사차 내려왔다. 이때 문화재위원 자격으로 진주에 온 사람은 김천흥·박헌봉·유기룡이다.

김천흥은 이미 이 이전에 진주와의 깊은 인연을 맺고 있었다. 1952년 개천예술제 참가차 진주에 와서 최순이와 제자들이 추는 진주검무에 특별한 감흥을 가지고 있었다. 그리고 다음날 개천예술제에 임시 가설한 무대에서 진주검무의 반주를 해주었다. 최순이가 선상기로 궁중에 있을 무렵 장악원의 악사와 김천흥이 알고 있던 스승과 일치하여 서로에 대한 공감대가 형성되어 있었다.

박헌봉朴憲鳳은 1906년 11월 6일 경남 산청군 단성면에서 태어났다. 박헌봉은 성장한 후에 서울로 상경하여 신문물을 접했다. 박헌봉은 1923년 고향으로 돌아온 이후 진주에서 김덕천金德天·박한수朴漢洙·신고주申高柱 등에게 가야금병창·고법鼓法 등의 전통음악을 공부하면서 국악을 접했다. 박헌봉이 우리나라 국악계에 지도력을 발휘하게 된 계기는 1936년 서울로 상경하여 정악전습소正樂傳習所와 이왕직아악부 사람들과 교류하면서부터다. 이때 함화진, 성경린과 같은 한국 국악의 큰 인물들과 교분을 쌓기 시작했다.[81]

김천흥은 박헌봉을 이왕직아악부 시절 알게 되었는데, 개천예술제를 참가하기 위해 진주에 왔다가 우연히 만나게 되

박헌봉 선생.

었다. 전혀 소식을 모르고 지내다가 뜻밖에도 진주에서 상봉을 하게 되니 더욱더 가까운 사이가 되었다.

그리고 그 이후 박헌봉은 1960년 개교한 국악예술학교의 초대 교장에 취임하여 11년간 재직했다. 박헌봉은 1966년 5월 문화재관리국의 위탁을 받아 무형문화재 전수조사를 시작했다. 진주에 무형문화재 지정을 위해 김천흥과 함께 내려오게 되었다. 박헌봉은 진주가 고향이라는 것 때문에 남다른 애착을 가지고 서울에서 자주 진주로 내려왔다. 박헌봉은 1961년 제12회 개천예술제에 국악부 심사위원으로 참가하기도 했다.

박헌봉과 김천흥은 진주에 대한 남다른 애정을 가졌고, 진주검무 무형문화재 지정을 위한 조사에 적극적이있다. 진주검무를 무형문화재로 지정하기 위해서는 교방과 권번의 전통을 계승하는 기생들이 필요했다. 그런데 과거 권번에서 검무를 추던 기생들은 이미 나이가 들었고 찾기도 힘들었다.

천만다행으로 김천흥은 최순이와의 인연이 있었기에 권번의 기생들을 소집해 줄 것을 부탁했다. 최순이는 권번에서 가르쳤던 제자들을 찾아다니며 진주 검무를 다시 연습하자고 설득했다. 그러나 신분이 노출되는 것을 꺼려한 기생들은 선뜻 나서지 않았다.

김천흥 선생.

진주검무를 문화재로 지정하기 위해서는 권번 출신 기생들이 있어야 했다. 그것은 문화재의 역사성과 전승계보를 인정받기 위한 중요한 문제였다. 급기야 진주시 측에서 문화재로 지정되면 일정 금액의 보수가 나라로부터 지급된다는 것으로 기생들을 설득하기 시작했다. 진주 권번의 기생들은 광복 이후 막막한 생계와 힘든 시절을 겪어 오던 터라 수입이 생긴다는 말에 다시 한번 용기를 내게 되었다. 이렇게 해서 소집된 권번 기생들은 총 11명이다.

박헌봉은 서울에서 진주를 오가며 가장 적극적으로 진주 기생들을 만났다. 당시 기생들 형편이 넉넉지 않았는데, 박헌봉은 진주에 오면 꼭 점심을 사주면서 기생들과 친분을 쌓아 나갔다. 진주에 내려오면 꼭 들르는 식당이 있었는데, 진주 중앙시장 안에 있던 '삼락식당'이었다. 삼락식당은 성계옥이 운영하던 식당이었는데, 당시 유명한 맛집으로 1967년 6월

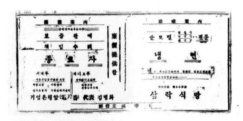

2일 경남일보 2면 광고에 소개되기도 했다.

박헌봉이 삼락식당에서 기생들을 만난 것은 맛집이기도 했
지만, 성계옥은 당시 진주 권번 강귀례 선생에게 춤을 사사
받고 있었기 때문이었다. 자연스럽게 삼락식당은 진주 기생
들의 회식 장소가 되었다. 박헌봉은 진주에 내려올 때마다
삼락식당에서 기생들에게 밥을 사주었다.

삼락식당을 운영한 성계옥은 워낙 음식 솜씨가 좋아 손님
이 많았다. 삼락식당에서는 국밥도 만들었는데, 이곳에서 국
밥을 먹어본 강순금은 맛이 일품이었다고 칭송했다. 박헌봉
은 삼락식당에 들를 때마다 권번 기생들에게 '진주검무를 문
화재를 만들어야 하니 어서어서 연습하라'고 당부했다.

박헌봉과 김천흥이 진주에 1차로 내려왔을 때 천거된 11명
중에 김수악1924년생 본명 김순녀은 다른 지역에서 남편과 함께 살

면서 진주를 오가고 있었다. 그러나 생초에 살던 김수악1918년 생 본명 김수악은 진주검무 연풍대를 돌다가 갑자기 쓰러졌다. 김수악은 혈압이 높고 지병이 있었는데, 연풍대를 도는 연습을 하다가 그만 사망하고 말았다. 주변 선생님들은 매우 애석하게 생각했다. 그래서 김수악 대신 다른 사람을 구해야만 하는 상황이 온 것이다.

진주검무를 문화재에 등록시키기 위해 서울로 시연을 하러 올라가야 하는데 김수악이 갑자기 사망하는 바람에 난처한 상황이 발생했다. 문화재조사보고서에는 11명의 이름을 올린 상황이었기에 8명을 구성하는 데는 무리가 없다는 결론이 났다. 그렇지만 일주일밖에 시간이 남지 않은 상황에서는 춤사위를 빨리 익힐 수 있는 사람이 필요했다.

최순이는 제자들에게 진주검무를 최초로 가르치고 계속 지도해왔지만, 스스로 서울까지 올라가 시연을 한다는 것에 무리가 있다는 결론에 이르렀다. 그래서 최대한 춤사위를 잘할 수 있는 8명을 기획했다. 드디어 8명의 기생은 서울로 상경해 발표를 하기 위해 하루 전날 도착했다. 서울에 연고도 없던 진주검무 전수자들을 위해 박헌봉은 서울에 있는 자신의 집에서 머물도록 배려를 아끼지 않았다.

진주검무 문화재 지정을 위해서 박헌봉은 8명에게 짝을 맞추어 연습하라고 지시했다. 이전의 검무는 2인이나 4인이 추는 검무가 일반적이었다. 그렇게 되면 나라에서 주는 보조금을 너무 적은 사람이 받게 된다. 진주검무는 짝을 맞추어서 추어야 하는 춤이기 때문에 짝수로 지정을 해야 한다. 그러다가 박헌봉은 '8'이라는 숫자를 고정하기에 이른다. 이때부터 '진주팔검무'가 고유명사처럼 사용하게 되었다.

최순이는 70이 넘은 고령으로 동작을 재빠르게 할 수는 없었다. 그렇지만 제자들에게 춤사위에 대한 설명은 충분히 할 수 있었다. 말로써 몸에 익혔던 동작을 생생하게 지도할 수 있었다. 혼자서 추는 독무와 다르게 8명이 춤을 추는 군무는 연습을 도와주는 스승이 없다면 작품이 완성되기 어렵다.

진주검무의 중요무형문화재 조사는 1966년 5월 1일부터 5월 7일까지 7일간에 걸쳐 진행되었다. 그리고 1966년 8월에 보고된 문화재위원의 보유자 조서에 첫 번째로 기록된 사람은 최순이다. 당시 74세의 나이로 검무에는 60년간 종사했다고 적혀 있다. 10대 때 진주 교방에서부터 검무를 배웠음을 알 수 있다. 다음으로 보유자조서에 기록된 사람은 총 11명이다. 최순이당시 74세·이윤례당시 64세·김자진당시 64세·서상달당시 63세·김옥주당시 60세·김수악당시 48세·이음전당시 52세·김순녀당시 42세·강순금당시 40세·강귀례당시 61세·최예분당시 55세이다.

이윤례는 64세로 직업은 진주국악원 무용교사이고 최완자에게 배웠다고 기록되었다. 김자진은 64세로 역시 최완자에게 춤을 배웠고, 진주국악원 무용지도교사이다. 서상달은 63세로 장죽심에게 검무를 배웠고, 장죽심은 최완자와 동기이다. 김옥주는 60세로 김자진에게 검무를 배웠다. 김수악은 1918년생 당시 48세로 김자진, 이윤례에게 검무를 배웠다고 기록되어 있다. 이음전은 당시 52세로 김자진, 이윤례에게 배웠다고 했으나 진주 권번에 입적하여 최순이에게 검무를 사사받았다.

1924년생 김순녀예명 김수악은 42세로 이윤례에게 검무를 배웠다고 했으나 후일 구술 채록에서는 진주 권번의 춤 선생님인 최완자에게 모든 춤을 배웠다고 했다. 강순금은 당시 40세로 진주국악원의 창악 교사를 하고 있었고, 남원에 살다가 진주로 이주했다. 강귀례는 당시 61세로 최완자에게 춤을 배웠다. 최예분은 당시 55세로 최완자에게 춤을 배웠다.

이로써 최순이의 제자는 이윤례, 김자진, 이음전, 김순녀, 강귀례이다. 이들은 모두 검무를 최순이에게 배웠고 최순이와 나이 차이는 거의 스무 살 가까이 난다. 1966년까지 진주 기생들은 진주국악원을 통해 활동했고, 최순이의 제자들도 일반인들을 상대로 지도하는 선생님의 위치에 있었다.

박헌봉과 김천흥의 노력 덕분으로 드디어 1967년 1월 16일 진주검무가 중요무형문화재 제12호로 지정되었다. 그런데 1년 전까지도 보유자 조서에 올라와 있던 최순이는 보유자로 지정되지 않았다. 그리고 최종적으로 명단에 오른 사람은 모두 8명이다. 서상달·김옥주·강귀례·김자진·이윤례·최예분·이음전·김순녀이다. 이 당시 최순이의 나이가 너무 연로하여 활동할 수 없다고 판단한 때문일 것이라는 것이 일반적인 추론이다.

그러나 최순이가 없었다면 오늘날과 같은 형태의 진주검무가 전승되지 않았을 수도 있다. 물론 최순이 이전에도 진주지역에 전승되는 검무는 있었다. 조선시대 전국적으로 성행하던 검무가 광복 이후 단절된 지역이 많다. 이러한 것을 생각한다면 최순이의 영향력과 역할은 거의 절대적이다. 단지 기능으로만 볼 것이 아니라 진주 교방과 권번에 이어 현대까지 검무가 계승될 수 있도록 한 중요한 공로를 국가가 인정해 주었다면 하는 아쉬움이 남는다.

최순이가 살아온 인생을 보았을 때, 어떤 일을 하고 난 뒤의 공로는 스스로 챙기지 않았던 것 같다. 권번에서 제자를 가르칠 때도 제자들이 빛나기를 바라는 마음으로 지도했다. 진주 기생이 재주가 많기로 이름을 날리게 된 이유 중에는 최순이의 역할이 결코 적지 않았다. 1952년 진주에 온 국립국악원팀을 만나겠다고 여관에 찾아간 일은 최순이의 성품을 보았을 때 무척이나 큰 용기임에 틀림없다. 자신의 일신보다 진주검무와 제자들의 미래에 대한 큰 마음이 있었기에 가능했을 것이다. 진주검무가 중요무형문화재로 지정된 이후에는 나라에서 보조금이 지급되었다. 그러나 아이러니하게도 최순이는 생계보조금도 받지 못하게 되었다.

진주검무의 씨앗이 되어

최순이는 생의 중간중간 절망과 폐허가 된 느낌을 받았다. 나라가 망하고 왕이 사라진 날을 잊을 수가 없다. 광복 이후 기생에 대한 일반인들의 편견과 불편한 시선으로 더 큰 해체의 심정을 맛보아야만 했다. 어머니가 돌아가시고 전쟁으로 진주 시가지가 불바다로 변하여 절망에 빠졌다. 이 세상에 자신의 혈육 하나 없이 남겨졌고, 춤을 춘다고 해서 나라와 시에서 돈을 주는 것은 아니었다.

그때마다 최순이는 그 절망의 자리에 주저앉지 않았다. 다시 일어설 수 있도록 힘이 된 것은 '춤'이었다. 때로는 춤 때문에 힘든 일이 발생했는데, 다시 치료의 묘약이 된 것 또한 춤이다. 그것이 바로 삶을 진정한 예술로 승화시키는 방법이었던 것이다. 자신이 가르친 춤과 노래가 또 다른 희망을 낳을 수 있다는 기대를 항상 갖고 있었다. 그렇게 최순이는 몇

1970년 문화공보부에서 촬영한 진주검무 시연 모습.
최순이는 제자들에게 모든 영화(榮華)를 돌리고 1969년 생을 마감했다.

게 춤을 배웠고, 진주국악원 무용지도교사이다. 서상달은 63세로 장죽심에게 검무를 배웠고, 장죽심은 최완자와 동기이다. 김옥주는 60세로 김자진에게 검무를 배웠다. 김수악은 1918년생 당시 48세로 김자진, 이윤례에게 검무를 배웠다고 기록되어 있다. 이음전은 당시 52세로 김자진, 이윤례에게 배웠다고 했으나 진주 권번에 입적하여 최순이에게 검무를 사사받았다.

1924년생 김순녀예명 김수악은 42세로 이윤례에게 검무를 배웠다고 했으나 후일 구술 채록에서는 진주 권번의 춤 선생님인 최완자에게 모든 춤을 배웠다고 했다. 강순금은 당시 40세로 진주국악원의 창악 교사를 하고 있었고, 남원에 살다가 진주로 이주했다. 강귀례는 당시 61세로 최완자에게 춤을 배웠다. 최예분은 당시 55세로 최완자에게 춤을 배웠다.

이로써 최순이의 제자는 이윤례, 김자진, 이음전, 김순녀, 강귀례이다. 이들은 모두 검무를 최순이에게 배웠고 최순이와 나이 차이는 거의 스무 살 가까이 난다. 1966년까지 진주 기생들은 진주국악원을 통해 활동했고, 최순이의 제자들도 일반인들을 상대로 지도하는 선생님의 위치에 있었다.

박헌봉과 김천흥의 노력 덕분으로 드디어 1967년 1월 16일 진주검무가 중요무형문화재 제12호로 지정되었다. 그런데 1년 전까지도 보유자 조서에 올라와 있던 최순이는 보유자로 지정되지 않았다. 그리고 최종적으로 명단에 오른 사람은 모두 8명이다. 서상달·김옥주·강귀례·김자진·이윤례·최예분·이음전·김순녀이다. 이 당시 최순이의 나이가 너무 연로하여 활동할 수 없다고 판단한 때문일 것이라는 것이 일반적인 추론이다.

그러나 최순이가 없었다면 오늘날과 같은 형태의 진주검무가 전승되지 않았을 수도 있다. 물론 최순이 이전에도 진주 지역에 전승되는 검무는 있었다. 조선시대 전국적으로 성행하던 검무가 광복 이후 단절된 지역이 많다. 이러한 것을 생각한다면 최순이의 영향력과 역할은 거의 절대적이다. 단지 기능으로만 볼 것이 아니라 진주 교방과 권번에 이어 현대까지 검무가 계승될 수 있도록 한 중요한 공로를 국가가 인정해 주었다면 하는 아쉬움이 남는다.

최순이가 살아온 인생을 보았을 때, 어떤 일을 하고 난 뒤의 공로는 스스로 챙기지 않았던 것 같다. 권번에서 제자를 가르칠 때도 제자들이 빛나기를 바라는 마음으로 지도했다. 진주 기생이 재주가 많기로 이름을 날리게 된 이유 중에는 최순이의 역할이 결코 적지 않았다. 1952년 진주에 온 국립국악원팀을 만나겠다고 여관에 찾아간 일은 최순이의 성품을 보았을 때 무척이나 큰 용기임에 틀림없다. 자신의 일신보다 진주검무와 제자들의 미래에 대한 큰 마음이 있었기에 가능했을 것이다. 진주검무가 중요무형문화재로 지정된 이후에는 나라에서 보조금이 지급되었다. 그러나 아이러니하게도 최순이는 생계보조금도 받지 못하게 되었다.

진주검무의 씨앗이 되어

최순이는 생의 중간중간 절망과 폐허가 된 느낌을 받았다. 나라가 망하고 왕이 사라진 날을 잊을 수가 없다. 광복 이후 기생에 대한 일반인들의 편견과 불편한 시선으로 더 큰 해체의 심정을 맛보아야만 했다. 어머니가 돌아가시고 전쟁으로 진주 시가지가 불바다로 변하여 절망에 빠졌다. 이 세상에 자신의 혈육 하나 없이 남겨졌고, 춤을 춘다고 해서 나라와 시에서 돈을 주는 것은 아니었다.

그때마다 최순이는 그 절망의 자리에 주저앉지 않았다. 다시 일어설 수 있도록 힘이 된 것은 '춤'이었다. 때로는 춤 때문에 힘든 일이 발생했는데, 다시 치료의 묘약이 된 것 또한 춤이다. 그것이 바로 삶을 진정한 예술로 승화시키는 방법이었던 것이다. 자신이 가르친 춤과 노래가 또 다른 희망을 낳을 수 있다는 기대를 항상 갖고 있었다. 그렇게 최순이는 몇

연희자 -1970년-

김자진(68세)　강순금(44세)
강귀례(65세)　정필순(43세)
이음전(56세)　성계옥(44세)
최예분(59세)　이윤예(68세)
김옥주(65세)

진주검무
-晉州劍舞-

1970년 문화공보부에서 촬영한 진주검무 시연 모습.
최순이는 제자들에게 모든 영화(榮華)를 돌리고 1969년 생을 마감했다.

228

번의 절망과 고비 속에서도 결코 예술의 끈을 놓지 않았다.

최순이가 선상기로 발탁되어 궁중에서 춤을 추었고, 다시 진주 권번에서 후학을 양성한 결과 진주검무는 무형문화재로 지정될 수 있었다. 사실 최순이의 존재가 없었다면 오늘날 검무가 국가무형문화재로 탄생할 수 있었을까?

생의 마지막 순간에도 진주검무 문화재 지정의 끈을 놓지 않고 있었다. 그럼에도 불구하고 훗날 모든 영광은 최순이가 가르친 제자들에게 돌아갔다. 최순이는 진주검무라는 아름다운 꽃의 최초의 씨앗이었다.

최순이는 문화재를 지정할 당시 74세의 고령이었다. 최순이는 그렇게 진주검무 문화재 지정을 눈앞에 두고 이미 삶의 모든 에너지를 다 소진했다. 1964년 김천흥이 진주에 재차 내려 왔을때 결정적으로 최순이의 증언이 문화재 지정의 결정적 요인이 되었다. 최순이는 이미 자신은 보유자가 되지 못할 것이라는 것을 알아챘을 수도 있다.

이름만을 남기고 풀꽃으로 사라지다

최순이는 진주검무가 국가무형문화재로 지정된 후 이미 생의 모든 불꽃을 다 태웠다. 진주 교방에서부터 60여 년 이상 추어온 검무였다. 그 춤의 문화재 지정을 위해 자신의 혼신의 힘을 다한 것이다.

문화재관리국에서 진주검무를 조사하기 위해 진주에 내려왔을 때부터 최순이는 이미 직감하고 있었다. 그래서 더 많은 사람들에게 진주검무를 전파해야겠다는 생각을 하기 시작했다. 자신은 이미 나이가 들어 활동하기에는 역부족이었다. 그래서 자신의 제자들이 최순이의 뒤를 이어 진주검무를 계승해 나가기를 바랐던 것이다.

그러한 스승의 마음을 당시 제자들은 알고 있었을까? 아니 그 옛날 화려한 꽃으로 향기를 발하던 궁중에서의 모습은 상상이나 했을지 모르겠다. 누구나 인생의 정점은 있게 마련이지만 그렇다고 다 생의 주인공이 되지는 않는 법이다.

뒤늦게 진주검무 예능보유자로 지정된 강순금은 병석에 누워있는 최순이를 만나기 위해 상봉서동 집으로 찾아갔다. 그리고 얼마 지나지 않아 최순이는 상봉서동 자택에서 생을 마감했다. 최순이는 이 세상에 자식을 남기지 않았다. 그렇기에 장례를 치러줄 유족이나 유품을 정리해줄 사람이 없었다.

그동안 최순이에게 진주검무를 배우던 제자 몇몇이 최순이의 장례를 치러주었다. 최순이는 무형문화재 예능보유자로 지정받지 못했기 때문에 문화재청으로부터 받는 보조금도 없었다. 그렇기에 진주시에서는 더더욱 최순이의 장례와 사후처리를 할 방도가 없었다.

최순이의 유품이었던 한복 몇 벌과 생활용품들은 누구 하나 챙길 여력이 없던 시절이었다. 공연을 할 때 곱게 단장을 하고 찍은 사진 몇 장이 작은 서랍장 안에 있었지만 아무도 챙긴 사람이 없어 후세에 최순이 얼굴을 증명해줄 사람이 없게 되었다. 그렇게 최순이는 진주검무를 위한 최초의 씨앗이 되고 갔다.

최순이와 그의 제자들

소녀 가장, 권번 기생 이윤례

이윤례李潤禮와 최순이의 만남은 진주 기생조합에
서다. 기생조합에서 만난 첫 스승은 최순이였다. 최순이 선생
님에게 제일 처음 배운 춤은 검무였고, 다음으로 포구락무를
배웠다. 이윤례는 차분한 성격의 소유자로 필요 이상의 많은
말을 하지 않았다. 그리고 무엇보다 춤을 학습하는 데 성실
한 태도로 임했다.[82] 이러한 점들이 스승인 최순이에게 인정
받은 이유다.

이윤례는 기생조합에서 2년간 학습을 받고 17세에 바로 요
리점 등으로 놀음을 나갔다. 최순이는 짧게 학습을 끝내고
놀음을 나가는 학생들을 보면 안타까운 마음이 들었지만 어
쩔 도리가 없는 노릇이었다. 소위 말하면 '소녀 가장' 역할을
그녀의 제자들이 하고 있었던 것이다.

평범한 가정을 꾸리고자 했으나 남편이 별세하자 다시 생계유지를 위해 이제는 '권번'으로 바뀐 기관으로 입적하게 되었다. 권번에서는 후배들을 지도하기도 했다. 이윤례는 기생조합과 권번, 그리고 요정으로 이어지는 기생의 굴곡진 삶을 살았던 장본인이다. 1903년까지 진주검무의 후학을 양성하고 생을 마감했다.

주특기는 검무, 이음전

　　1914년생인 이음전李音全은 진주 권번에서 최순이를 만났고, 권번에서 녹주綠珠라는 예명으로 불렀다. 이음전은 워낙 춤 솜씨가 좋아 이백화 선생뿐 아니라 조합 임원들 모두에게 칭찬을 자주 들었고 수료식 때 치르는 시험에서는 1등의 영예를 차지하기도 했다. 남들은 2~3년 걸려 배우는 과정을 그녀는 1년 만에 수료한 후 진주에 있는 집으로 돌아왔다. 진주로 돌아온 이음전은 부모님의 반대에도 불구하고 진주 권번에 입적했다.[83]

　이음전은 1930년 17세 때 다시 진주 권번에서 최순이에게 4개월간 검무를 사사 받았다. 최순이에게 배운 검무는 그대로 전통이 되었다. 권번에서 최순이에게 가곡과 시조도 배웠다. 진주 권번에서 배운 춤 중에서 '검무'는 논개를 기리는 제사에 빠짐없이 추게 되었다.

진주 권번에 있던 이음전은 22세에 상경하여 서울 종로권번에서 한 달을 학습하기도 했다. 그 뒤에는 파고다 공원 옆에 송죽원이라는 요정을 차려 운영했다. 25세에 남편이 타계하자 다시 진주로 내려가 권번에서 일하게 되었다.[84]

자식이 많은 편이라 그리 넉넉하게 사는 편은 아니었다. 이음전은 최순이의 제자 중에 1998년 가장 늦게까지 생존하여 진주검무와 의암별제의 전승에 많은 노력을 했다.

예술적 끼가 충만했던, 최예분

1911년생인 최예분崔礼分은 '최예쁜'이라는 별명을 지니고 있었다. 최예분은 어릴 때부터 소리와 춤을 추는 곳을 기웃거릴 정도로 예술적 끼를 지니고 있었다. 그래서 초등학교 졸업 직후 친구가 권번에 입적한다는 말을 듣고 단숨에 따라나섰다.

권번에 입적한 후 최순이로부터 춤을 배웠다. 권번에는 강귀례, 이음전, 김자진 등의 선배들이 있었다. 진주 권번에서 배운 춤은 굿거리춤, 포구락, 무고, 헌선도, 검무, 승무, 의암가무 등이었다. 최예분은 그 중 승무와 검무에 능했다.[85] 권번에 입적하여 매월 월사금을 납부했다. 그리고 3년간 국악과 춤, 예절을 배웠다.

권번의 졸업시험에 합격한 최예분은 비로소 기업妓業을 할 수 있는 자격을 취득하게 되었다. 진주에서 가장 인기리에 운영되던 요리점 등에서 비싼 화대를 받고 출근했다.

광복 이후 권번이 해체되자 졸지에 생계의 터전을 잃게 되었다. 권번과 요리점에 인기리에 나가던 최예분은 갑자기 생활이 단조로워졌다.

그러던 어느 날 최예분에게 최순이 선생님이 찾아왔다. 과거 권번에서 추던 진주검무를 국가의 문화재로 만들 것이라고 했다. 며칠 지나자 진주시청 직원들도 찾아와서 검무를 다시 복원하여 문화재로 만들면 매월 국가에서 전수 교육 보조금이 지급된다고 했다. 최예분은 마침 생활이 어려운 터라 활력을 찾을 수 있겠다는 생각이 들었다. 무엇보다 과거 권번에서 함께 했던 사람들과 다시 교류할 수 있다는 기대감이 컸다. 그렇게 최순이와 검무로 맺어진 인연은 새롭게 꽃을 피우기 시작했다.

최예분은 진주검무 무형문화재 지정 이후 전승이 단절된 진주의 한량무와 포구락도 다시 재현 작업에 참가하게 되었다. 최예분은 한량무의 색시 역을 맡아 출연했다. 이때 권번 출신의 진주검무 예능보유자들이 총 출연했고, 부족한 인원 수는 이수자로 충원했다.[86] 최예분은 노년에 심장병이 악화되어 많이 움직일 수가 없어 춤 지도를 그만두었다. 슬하에 자녀도 없이 외롭고 가난한 삶을 보내고 국가에서 나오는 생활

보조금으로 연명하다가 1993년 생을 마감했다.

진주검무 2기생의 스승, 김자진

1902년생인 김자진金子眞은 진주가 고향이다. 소
학교를 졸업하고 진주 예기조합과 권번에 입적하여 최순이에
게 춤을 배웠다. 김자진은 진주검무가 1967년 무형문화재로
지정되자 진주검무 2기생을 담당하여 가르쳤다.

한량무 복원에 힘쓴 해주 출신, 강귀례

1905년생 강귀례姜貴礼는 해주 권번에 있다가 진
주로 내려와서 줄곧 '해주댁'이라는 별명으로 불리었다. 강귀
례가 어느 시기에 진주로 왔는지는 정확하지 않지만, 진주에
정착한 후 진주 권번에 들어갔다. 강귀례는 춤에 대한 천부
적인 소질을 지니고 있었다. 강귀례는 검무를 최순이에게 배
웠다고 했다. 진주 권번으로 온 것은 권번이 한참 성황일 무
렵이다. 강귀례는 최순이의 뒤를 이어 진주검무를 이끌고 제
자를 양성했다.

강귀례는 진주에서 학원을 운영하면서 춤을 가르쳤다. 진
주 봉곡동에 무용연구소를 차린 강귀례는 춤에 대한 재주가
많았고 안무 능력이 탁월하기로 유명했다. 강귀례의 특기는
굿거리춤과 승무였다.

강귀례는 진주검무의 무형문화재 예능보유자로 지정되자, 진주 교방의 다른 춤도 복원작업을 했다. 한량무가 복원되는 데에는 강귀례의 영향력이 매우 컸다. 『교방가요』의 승무는 기생·풍류랑·노승·상좌·소기의 5인이 등장하는 춤극이다. 강귀례는 한량·색시·승려·상좌의 4인이 등장하는 춤극으로 안무했다. 1976년에는 민속예술경연대회에 참가했는데, 경연 장소가 야외 운동장이라는 것을 감안하여 쌍한량무로 인원을 2배로 충원했다. 이때 김자진은 개인상을 수상했고, 장단은 강귀례가 잡았다. 전체 배역진은 한량 역에 김자진·이윤례, 승려역은 성계옥·정필순, 색시 역은 이음전·최예분, 상좌 역은 김성인·김연이가 맡았다.[87] 이들 중 이윤례·최예분·이음전은 모두 최순이에게 배운 제자이다. 즉 최순이의 제자들은 후일 진주 교방춤 전승의 주역으로 활동하였다.

판소리에 능했던 예술인 집안 출신, 김순녀(예명 김수악)

1924년 12월 10일생인 김순녀金順女는 별명이 여란如蘭이고, 진주검무 문화재 지정 이후 '수악壽岳'이라는 예명을 사용했다. 진주에서는 김수악으로 알려져 있다.[88] 여란은 김순녀가 진주 권번에 다니면서 부른 별명이다.

김순녀는 9세경에 진주 권번에 입적했다. 아버지의 영향으로 우리 음악에 눈을 뜨게 되었다. 김순녀의 부친은 어릴 때부터 가야금·거문고·해금·단소·젓대 등을 사다 놓고 스스로 연주하여 '양반광대'라 불리던 풍류객이었다.

김순녀가 권번에 입학하자 춤은 전적으로 최순이 선생님이 지도했다. 최순이 선생님에게 검무, 굿거리춤, 입춤, 살풀이 등을 배웠다. 최순이를 통해 정가正歌인 가곡과 시조도 배울 수 있었다. 12세 무렵 최순이 선생님에게 가곡의 편락編樂까지 배웠다.

김순녀는 남보다 뛰어난 재질로 단연 생도 중에서 두각을 나타냈다. 김순녀는 유성준, 이선유, 정정열과 같은 당대의 명창에게 판소리 교육을 받았다. 김순녀의 집에서는 판소리 공부를 위한 스승들에게 물심양면으로 지원을 아끼지 않았다.

사업가인 남편이 김 씨가 40세가 되기 전에 작고하여 생활고에 시달려야 했다. 이후 김순녀는 무용연구소를 시작했다.[89]

1967년 김순녀는 자연스럽게 진주검무의 예능보유자가 되었다. 그리고 1970년대 초반 3~4년간 광주에 머물게 되었다. 목포국악원에 김대중 씨 형님이 초빙을 하여 그곳에서 춤을 지도했다. 조상현이 목포 유달산 노인정에 세를 내어 운영하는 학원에서 춤을 가르치기도 했다. 그리고 광주국악원

으로 옮겨 창·가야금·굿거리춤·살풀이춤·검무·승무 등을 지
도했다. 그리고 다시 진주로 돌아왔다.[90]

의암별제 재현에 성공한, 성계옥

　　1927년생 성계옥成季玉이 최순이를 만나게 된 것
은 1966년 진주 노기들의 모임 장소인 모의당에서이다. 성계
옥은 건강 때문에 강귀례 선생에게 춤을 배우고 이윤례 선생
에게는 가야금 병창을 사사받고 있던 무렵이었다.

　1949년 초등 정교사 자격증을 취득하여 산청군 차황초등
학교에서 교편을 잡고 1950년에 사직했다. 교직 생활을 하
던 중 여름방학에 진주에서 권번 출신의 강귀례 선생님을 만
나 무용을 처음 접하게 되었다.

　성계옥은 두 번째 남편과 이혼하고 4남매와 두 시어머니를
모시고 혼자 살림을 꾸려 나가야 했다. 교직으로는 그 많은
식구의 생계를 감당할 수 없다고 생각한 성계옥은 진주로 이
주하여 중앙시장에 '삼락식당' 이라는 식당을 운영했다.[91]

　성계옥은 교방의 마지막 관기 최순이를 모의당에서 극적으
로 만났다. 성계옥이 최순이를 만날 당시 최순이는 이미 노쇠
하여 춤을 가르칠 형편은 못 되었다. 그러나 진주 교방에서
논개에게 지내는 '의암별제義巖別祭'에 대한 상세한 이야기를 전
해 듣게 된다. 최순이와 성계옥의 만남은 흔히 몸에서 몸으

로 춤을 직접 배운 관계는 아니었다. 어쩌면 그보다 더 큰 스승과 제자의 관계를 맺게 되었다. 성계옥은 최순이로부터 들은 의암별제를 평생에 걸친 숙원사업으로 1992년 실제 재현하는 데 성공했기 때문이다.

유랑극단 단원으로 전국을 순회한, 강순금

1967년 새롭게 보유자로 지정된 강순금은 유일하게 진주 출신이 아니었다. 그렇지만 진주검무 문화재 지정 과정에서 최순이에게 진주검무를 전수받았다. 1926년 9월 20일생인 강순금은 남원에서 출생했다. 남원의 권번이 폐지된 이후 국악교습소에서 강도근 선생에게 소리를 5년간 배웠다. 그리고 신관용 선생에게 가야금산조를 3년간 배우고 조계화 선생에게 15세부터 춤을 배웠다. 이렇게 국악에 대한 모든 분야를 배우고 광복 이후에는 유랑극단 단원으로 전국 순회공연을 다녔다. 강순영은 33세에 오빠의 소계로 장수로 시집을 가서 5년간 살다가 진주로 이사 왔다. 진주에 온 뒤로는 진주국악원에 나가 국악 전반을 가르쳤다. 그즈음 서울에서 박헌봉이 내려와서 진주검무 문화재 지정 가능성을 이야기했다. 박헌봉은 강순금에게도 검무를 열심히 하라고 권유했다.[92]

사실 강순금은 진주 권번의 계통을 이은 제자는 아니었다.

남원 조계화에게 춤을 사사 받았고, 남원의 검무는 4인 검무였고 진주검무 칼사위와는 매우 달랐다. 진주검무 문화재를 지정할 당시 강순금은 40세로 가장 젊고 춤사위 습득력도 빨랐다. 진주검무 무형문화재 조사 당시 춤을 잘 추는 강순금을 포함했다. 강순금은 1976년경 진주검무 보유자에서 제외되었다. 대신 신관용류 가야금산조의 예능을 인정받아 2002년 경상남도 무형문화재로 지정되었다.

빛을 보게 된 궁중의 검무

최순이는 춤을 전수하면서 무형문화재의 씨앗이 되었고, 제자들은 진주검무라는 열매를 맺을 수 있었다. 최순이의 제자들은 국가로부터 보조금을 받고 당시 '인간문화재'라는 칭호를 듣게 되었다. 과거에 천대받던 기생은 이제 '원로 예술인'의 대우를 받게 되었다.

진주검무가 국가무형문화재가 되자 진주시와 국가에서 공식적인 공연요청이 들어왔다. 그 옛날에는 돈을 주고 의상을 직접 만들어 입었지만, 이제 국가에서 내려오는 보조금으로 해결할 수 있었다.

1972년 3월 꽃샘추위가 가시지 않은 어느 날 진주성 촉석루 위에서 진주검무 예능보유자들이 사진을 찍었다. 아마도 어느 행사 후에 모여서 찍은 것 같다. 왼쪽부터 강귀례, 이음전, 김자진, 이윤례, 김순녀김수악, 최예분, 강순금이다. 강순금만 빼고 모두 권번 기생 출신이다. 역시나 이들의 꽃다운 20대의 사진 한 장 남아 있지 않다는 것이 아쉽다. 여전히 머리는 뒤로 넘겨 단정한 쪽진머리를 하고 한복을 착용하고 있다.[93]

초창기 진주검무 공연은 예능보유자로 지정된 8명 위주로 공연을 다녔다. 그러다가 진주검무 1기생, 2기생을 모집하고

『진주검무』, 2002, 성계옥·차옥수, 화산문화, 186쪽.
진주검무 1대 예능보유자, 왼쪽부터 김자진, 이음전, 강귀례, 이윤례, 김순녀(김수악), 최예분, 강순금
(강순영).

『진주검무』, 2002, 성계옥·차옥수, 화산문화, 186쪽.
앞줄에 빨간 장고를 잡고 앉은 사람은 진주 권번의 기녀 이윤례이고, 북 장단을 잡은 사람이 진주 권
번 김자진이다. 뒷줄에 검무 복식을 한 사람 중 오른쪽에서 네 번째가 성계옥이다. 성계옥은 최순이와
만났던 마지막 제자로써 과거 기생들과 비기생들을 연결하는 중요한 가교 역할을 했다. 8명의 공연
자들은 진주검무 전수 1, 2기생들이다.

243

나서는 전수자들 위주로 공연을 하게 되었다.

진주검무 문화재 지정 이후 공연을 다닐 때마다 문제가 되었던 것이 바로 칼이다. 문화재 지정 당시는 칼목이 돌아가는 형태를 사용했다. 그러나 칼을 자주 사용하다보니 행사때마다 칼이 부서지기 일쑤였다. 조선시대 교방에서는 칼목이 직선인 칼을 사용했는데, 일제강점기 전국 권번에는 모두 칼목이 부러져 쉽게 돌아가는 칼을 사용했다. 칼목이 부러지는 형태는 만들기도 쉽고 비용적인 면에서도 훨씬 저렴했다.

최순이가 궁중에서 배웠던 검기무는 칼목이 돌아가지 않는 직선의 칼을 사용했다. 진연도병에 그려진 그림으로도 확연히 알 수 있다. 그러나 어떻게 된 이유인지 궁중의 관기가 해체되고 1910년 이후 전국적으로 칼목이 돌아가는 칼을 사용하게 되었다. 이와 관련하여 궁중 아악부 출신이었던 김천흥은 다음과 같이 증언했다.

"경술국치 이후 민간으로 전승되어 각 지방에 분포되었던 검무는 거의 소멸되어 없어졌고, 지금은 진주지방의 검무가 궁중 계통의 원형이 가장 충실하게 전승된 것이 확신되어 1967년 중요무형문화재 제12호로 지정되어 보존 전승되고 있다. 사용하는 칼의 제도는 발생 초에서부터 1901년도까지는 칼이 자루에 고정되어 박혀있는 것으로 나타나 있다. 그런데 근자의 칼은

244

돌리기 편하도록 개량되었는데 이 시기는 정확히 밝혀지지 않고 있다."[94]

김천흥은 궁중의 검무는 칼목이 돌아가지 않고 칼자루에 고정되어 있는 것이라 했다. 그런데 일부 민간에서 유통되는 검무는 칼 목을 개량하여 누구나 돌리기 쉽게 제작했다고 했다. 대략 그 시기는 알 수 없지만, 개량된 검무 칼은 1910년 이후 전국 권번을 통해 유통되었다. 춤사위 또한 개량된 칼

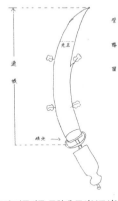

1966년 진주검무 문화재 조사보고서에 기록된 칼의 그림과 설명.
칼은 칼날과 손잡이인 자루로 구성되어 있다. 칼날은 백색, 자루는 홍색이다. 칼날의 길이는 26cm, 자루는 10cm, 둘레는 9.5cm이다.

과 궁중검무의 칼은 분명한 차이가 발생한다. 궁중의 검기무는 유일하게 진주에 전승되어 보존되었다.

이후 진주검무의 예능보유자가 된 성계옥은 진주검무 고대의 칼을 복원하기 위해 문헌을 조사했다. 그 결과 조선시대 검무 칼이 직선의 칼을 사용했다는 것을 발견하고 움직이지 않는 칼을 사용하고 있다. 직선인 칼은 통영에 있는 공방에 가서 제작했는데, 1985년 무렵에도 칼 제작비용이 6만 원 이

상이었다. 진주검무 칼날은 백동으로 제작했고 손잡이 나무 위에 빨간색 공단 천을 입히고 청·홍의 매듭실을 매달았다. 그러나 새로 제작한 직선칼은 한동안 공연때만 사용하고 연습할 때는 목이 꺾이는 칼을 사용했다. 그리고 완전히 직선인 칼로 교체한 시기는 1987년이다.[95]

최순이의 마지막 제자, 성계옥

성계옥은 최순이의 마지막 제자가 되었다. 그것은 춤을 통해서가 아닌 '논개'의 영혼이 이어준 의암별제를 통해서이다. 성계옥은 1966년 진주 노기들의 모임 장소인 모의당에 가야금을 배우기 위해 갔다. 처음에 성계옥은 최순이의 존재를 잘 인지하지 못했다. 성계옥은 진주 권번의 이윤례 선생에게 가야금 병창을 사사받기 위해 모의당에 갔기 때문이다. 그리고 진주 권번 강귀례 선생에게는 춤을 배우고 있었다. 성계옥은 춤을 가르치던 선생을 찾아갔다가 진주 교방의 선상기였던 최순이를 만나게 된다. 그녀는 '촉석루에서 기생들이 논개를 기리며 제사를 지내곤 했는데 그걸 좀 해보라'고 했다.

성계옥은 최순이가 말한 의암별제에 대한 궁금증과 함께 무언지 모르는 '운명' 같은 것을 직감하였다. 최순이에게 말로 전해 들은 의암별제의 문헌을 찾던 중 『교방가요』를 입수하게 되었다. 그 책 속에 의암별제의 내용이 상세히 수록되어 있었다. 성계옥은 의암별제의 재현을 위해서는 어떠한 어려움이라도 무릅쓰고 교방가요의 번역을 성취할 것이라고 결심했다.

성계옥은 어릴 때 한학을 하셨던 아버님의 영향도 있었고 다시 한문 공부를 하여 직접 원문을 번역했다. 제사의 홀기笏記는 성경린成慶麟, 무보는 김천흥金千興, 음악의 악보는 김기수金琪洙 선생의 자문을 받아 1986년 『의암별제지』를 발간하였다. 최순이와 김천흥 그리고 성계옥은 운명처럼 검무로 시작하여 의암별제로 연결되었다.

"책을 내고 보니 진짜 제례를 올리고 싶어지더라고요. 그때만 해도 제사를 도와줄 악사도 없었지요. 당시 시장님한테 지원금을 받아 악사를 양성하기 시작했습니다. 고서에 따라서 음식도 준비했고 함께 공부했던 사람들과 함께 92년도에 처음으로 의암별제를 지냈어요."

성계옥은 일찍이 예리한 통찰력으로 『교방가요』의 기록적 가치를 제대로 알아봤다. 성계옥은 1970년대 중반 『교방가요』의 존재를 처음 접하고, 이 문헌에 토대하여 진주 교방춤의 복원작업에 나선다. 그의 집념으로 진주검무국가무형문화재 제12호의 미학적 완성이 구현되었고, 나아가 진주한량무경상남도 무형문화재 제3호, 진주포구락무경상남도 무형문화재 제12호, 진주선악선유락, 진주의암별제 등이 복원되는 성과를 거뒀다.[96]

의암별제는 최순이가 진주 교방에 동기로 입학했을 때 몇 번 참가했다. 그리고 권번에서도 가곡과 시조를 익혀 제례 절차를 연습했다. 그러나 광복 이후 기생들이 흩어지자 모의당에 있던 노기들만이 제사를 지낼 뿐이었다.

노기들이 지내는 제사는 모든 절차와 예식을 갖추지 못한 채 논개의 기일만 지키는 수준이었다. 이것을 못내 안타까워한 최순이는 의암별제의 원형을 제대로 복원해줄 후인이 나타나기를 바라고 있었다. 최순이가 굳이 성계옥을 염두에 두고 의암별제 이야기를 꺼낸 이유이다.

의암별제는 3백명의 기녀가 화려하고도 장엄한 제의를 마치고 3일동안 촉석루 주변에서 연회를 펼쳤다는 유서깊은 제례다. 앞으로도 이 전통이 후대에까지 이어졌으면 하는 것이 성계옥의 소망이다.

　　　　　　　　◈

　　　　　최순이는 1933년 음력 6월 28일 촉석루에서
의암별제에 참가했었다. 그리고 최순이로 보이는 사진 한 장
이 있다. 동아일보에 기록된 기사는 다음과 같다.

　　지난 28일은 음울이 만권하야 종일 비가 그치지 않아 밤의
　　의식은 폐지하고 오후 4시에 촉석루에서 의사義士 삼장사三壯士와
　　아울러 의식을 베풀고 집사執事 정송근, 최완자崔完子씨의 감회 깊
　　은 제문 낭독이 있은 후 일반 참배가 있고 이어 진주기생 총 출
　　동으로 검무, 잡가雜歌 등으로 성황리에 폐식했다 한다.[97]

이 기사 내용에 의하면 의암별제는 음력 6월 28일 오후 4
시 촉석루에서 의식을 진행했다. 집사는 정송근이 맡았고, 최
순이는 제문을 읽는 대축大畜의 역할이었다. 제례에서 대축은
축문을 쓰고 음률에 맞추어 읽을 수 있는 식견이 있는 사람
이 맡았다. 당시 최순이는 42세로 권번의 스승의 위치에 있
었고, 상당한 학식을 겸비하고 있었다는 것을 알 수 있다. 제
문을 다 읽고 나면 일반인들의 참배가 이어졌다. 그리고 진
주 권번 기생들이 총 출동하여 검무를 추고 잡가도 불렀다.
　의암별제는 광복 이후 권번과 기생들의 구심점이 없어지면

『동아일보』, 1933. 8. 25.자.
이 기사에는 의기사에서 위패를 모시고 나오는 장면과, 검무를 추는 사진이 수록
되어 있다. 최순이는 제문을 낭독했고, 검무는 제자들이 추었다. 그렇다면 사진에
흰색 한복을 입은 사람 중에 최순이가 있을지 모른다.

서 점점 퇴색해져 갔다. 과거의 의암별제를 아는 몇몇 기생들
만이 논개의 제삿날이 되면 의기사에서 조촐하게 지낼 뿐이
었다.

　최순이는 이 의암별제를 굳이 성계옥에게 전달했던 이유가
있었을 것이다. 의암별제는 진주 교방에서도 가장 큰 행사였
고, 논개는 진주 기생이라면 누구나 진주 관기의 우상으로
여기고 있었다. 최순이가 생각했을 때 검무와 의암별제 만은
꼭 후대에 길이길이 보존되어야 한다는 신념을 지니고 있었

다.

　누군가에게 중요한 사실을 이야기하는 순간은 예고없이 찾아온다. 그리고 그 이야기를 전했을 때 진심으로 받아들일 수 있는 사람에게 하고 싶은 법이다. 최순이는 1868년 만들어진 의암별제를 유일하게 보고 듣고 느낀 사람이다. 그런 점에서 최순이는 꼭 전해야 할 사명감을 느꼈다. 그 후인이 성계옥이라는 것을 점지한 것이다. 당시에 모의당에 오는 수많은 기생들과 사람들이 있었음에도 말이다.

　성계옥은 최순이로부터 의암별제 이야기를 전해듣기도 했지만, 진주검무가 논개의 제사에 빠지지 않고 올리는 춤이라는 것에 더욱더 관심을 가지게 되었다. 이렇게 성계옥은 진주검무를 통해 최순이와 만나게 되었고, 꼭 의암별제를 원형대로 복원해야겠다는 결심을 하게 된다. 최순이는 많은 제자들에게 춤과 노래를 가르쳤지만 성계옥은 최순이가 바라던 운명적 제자였다. 성계옥은 1992년 의암별제의 형태를 1868년의 모습으로 완벽하게 재현하는 데 성공했다. 최순이는 혜안이 있었다. 그리고 2023년 현재 진주 의암별제는 재연되고 있다. 최순이는 큰 씨앗을 심고 갔다. 최순이는 '검무'로 시작했지만 그 결실은 성계옥을 통해 '의암별제'라는 문화의 꽃으로 피우게 된 것이다.

주

1 『晋陽誌』, 館宇, "客館在飛鳳山下古京里見勝覽 上大廳有東西軒各有上房
   中大廳東西各有郎廳房西郎廳之前有教房 大門三間在中大廳之前."

2 『晋陽誌』, 風俗.

3 한재락, 안대회 옮김, 2017, 『녹파잡기』, 휴머니스트, 133쪽.

4 박영민, 2009, 「19세기 지방관아의 교방정책과 관기의 경제현실:
   강계부(江界府)의 「교방절목」」, 민족문화연구, 30쪽.

5 한재락, 안대회 옮김, 2017, 『녹파잡기』, Humanist, 136쪽.

6 사무엘 홀리 편집, 조법종·조현미 번역, 2022, 『화륜선 타고 온 포크 대동여지도를
   들고 조선을 기록하다』, 알파미디어, 322쪽.

7 위의 책, 323쪽.

8 위의 책, 323쪽.

9 빙허각 이씨, 윤순자 엮음, 2014, 『규합총서』, 백산출판사, 161쪽.

10 위의 책, 324쪽.

11 위의 책, 325쪽.

12 사무엘 홀리 편집, 조법종, 조현미 번역, 2022, 『화륜선 타고 온 포크
    대동여지도를 들고 조선을 기록하다』, 알파미디어, 195쪽.

13 위의 책, 195쪽.

14 위의 책 196쪽.

15 연산군 10년 갑자(1504)12월 23일(기묘),

16 금관자(金貫子)와 옥관자(玉貫子)를 일컫는다. 관자는 망건(網巾)에 달아 당줄을
    꿰어 거는 작은 고리. 그 재료(材料)에 따라 관품(官品) 내지 계급(階級)을
    표시(表示)했음

17 이능화·이재곤 옮김, 1992. 『조선해어화사』, 동문선, 105쪽.

18 『大典會通』, '雅俗樂': 『六典條例』 '掌樂院'

19 고종 임인년 『진찬의궤』, 택일.

20 『世宗實錄』 25年 9月 16日(丁卯), 관습 도감의 광대 기녀들의 기예교육과
    헐차비의 나이 조정 등에 관한 의정부의 건의.

21 『황성신문』, 1902. 4. 26.

22 고종 임인년 4월 『진연의궤』 권2, 「訓令」

23 성계옥·차옥수, 2002, 『진주검무』, 화산문화, 29쪽.

24 김천흥, 하루미·최숙희·최해리 엮음, 2004,『심소 김천흥 선생님의 우리춤 이야기』, 민속원, 42쪽.

25 송방송,「대한제국 시절의 進宴과 官妓들의 정재공연」, 1쪽.

26 김천흥, 하루미·최숙희·최해리 엮음, 2004,『심소 김천흥 선생님의 우리춤 이야기』, 민속원, 38쪽.

27 위의 책, 민속원, 39쪽.

28 위의 책, 민속원, 41쪽.

29 위의 책, 민속원, 43쪽.

30 김종수, 2001,『조선시대 궁중연향과 여악연구』, 민속원, 57쪽.

31 H.N 알렌, J. S 게일, 신복룡 역주, 1979,『한말 외국인 기록: 조선견문기』, 집문당, 109쪽.

32 제례 담당 궁중 기관. 1910년 이후 장악원이 폐지되고 이곳에서 진연 준비를 담당했을 것으로 추측한다.

33 『중앙일보』, 1970. 12. 26. 〈제4화〉명월관, '순종 앞의 진연'

34 『대한매일신보』1908. 3. 10.

35 강무, 2016,『명월관』, 민속원, 201쪽.

36 김천흥, 하루미·최숙희·최해리 엮음, 2004,『심소 김천흥 선생님의 우리춤 이야기』, 민속원, 224쪽.

37 『중앙일보』,〈제4화〉명월관, 1970. 12. 28.

38 강무, 2016,『명월관』, 민속원, 73쪽.

39 성종 17년 (1486년) 10월 27일 戊戌 1번째 기사.

40 『독립신문』1899. 8. 15.

41 『중앙일보』, 1971. 1. 20. '대전 중엔 권번도 하나로 통합 일부기생들 정신대로 끌려가'

42 양지선, 2023,「교방해체기 기생 예술의 정체성 연구」, 리터러시연구, 494쪽

43 위의 글, 496쪽.

44 이능화 지음, 李在崑 옮김, 1992,『해어화사』, 동문선, 438쪽.

45 『악부』의 편자는 위관 이용기이다. 악부의 소개글에 의하면 위관은 1933년 또는 1934년쯤 70여세의 고령으로 별세했다고 한다.

46 정병설, 2007,『나는 기생이다. 소수록 읽기』, 문학동네, 126~131쪽.

47 위의 글, 132~133쪽.

48 『중앙일보』, 1970. 12. 26. 이난향, 명월관

49 『문화원형백과』 "한국 최초 조선요릿집/명월관", 2008.

50 『중앙일보』, 1970. 12. 25. 이난향, 명월관.

51 『중앙일보』, 1971. 1. 08. 이난향, 명월관

52 『중앙일보』, 1971. 1. 19. 이난향, 명월관.

53 『매일신보』, 1918. 2. 15.

54 문화재관리국, 1989, 『승무. 살풀이춤 慶南·北編 조사보고서』, 문화재연구소, 71~72쪽.

55 노동은, 「평양기성권번」, 『노동은의 두 번째 음악상자』, 한국학술정보(주), 2001 204쪽: 신현규, 『기생, 문화콘텐츠 관점에서 본 권번기생 연구』, 연경문화사, 2022, 26쪽 재인용.

56 『중외일보』, 1929. 7. 6.

57 『중외일보』, 1929. 7. 7.

58 『매일신보』, 1933. 9. 17.

59 정병설, 『나는 기생이다. 소수록 읽기』, 문학동네, 2007, 64쪽.

60 이숙희 채록, 『2004년도 한국근현대예술사 구술채록연구시리즈 37』, 김수악, 한국문화예술진흥원.

61 문화재관리국, 1996, 『입춤. 한량무. 검무 조사보고서』, 문화재연구소, 114쪽.

62 『매일신보』, 1927. 4. 24.

63 신현규, 2010, 『기생, 조선을 사로잡다』, 어문학사, 57쪽.

64 한국학중앙연구원 - 향토문화전자대전.

65 『매일신보』, 1939. 3. 8.

66 이숙희 채록, 『2004년도 한국근현대예술사 구술채록연구시리즈 37』, 김수악, 한국문화예술진흥원.

67 김천흥, 1995, 『심소 김천흥 무악 70년』, 민속원, 62~68쪽.

68 『대한매일신보』, 1910. 5. 31.

69 『영남춘추』, 1936. 10. 5.

70 『동아일보』, 1958. 11. 12.

71 (재)개천예술재단, 『개천예술제 40년사』, 262~263쪽.

72 김천흥, 「개천예술제가 우리나라 민속무용에 끼친 힘」, 『개천예술제 40년사』, 268~269쪽.

73 『춤』, '생각나는 춤 人物', 1977년 5월호: 김천흥, 하루미·최숙희·최해리 엮음, 2004, 『심소 김천흥 선생님의 우리춤 이야기』, 민속원, 61~62쪽.

74 한국문화예술진흥원 편찬, 『한국의 민속예술 제1집』, 한국문화예술진흥원, 1978, 184쪽.

75 김천흥, 1995, 『심소 김천흥 무악 70년』, 민속원, 35~38쪽.

76 (재)개천예술재단, 『개천예술제 40년사』, 260~261쪽.

77 위의 책, 125쪽.

78 위의 책, 『개천예술제 40년사』, 134쪽.

79 경상국립대학교박물관, 2022, 『근대도시 진주』, 함춘원, 85~91쪽 참조.

80 임장혁, 2022, 「1950년대 일본 문화재보호법과 1960년대 한국문화재보호법의 성립」, 국립문화재연구원, 44쪽.

81 김석환, 2003, 「岐山 朴憲鳳의 生涯와 國樂 發展에 미친 影響 考察」, 동국대학교석사학위논문, 7쪽.

82 2012년 9월 1일 김청임 면담자료. 김청임은 1966년 진주검무 조사보고서 작성 당시 어린이였으며, 김순녀의 친조카이다.

83 문화재관리국, 1989, 『승무. 살풀이춤 慶南·北編 조사보고서』, 문화재연구소, 69쪽.

84 위의 책, 69쪽.

85 문화재관리국, 1996, 『입춤. 한량무. 검무 조사보고서』, 문화재연구소, 116쪽.

86 위의 책, 146쪽.

87 위의 책, 142쪽.

88 1918년 9월 7일생의 본명을 김수악(金壽岳)으로 사용하는 기생과 다른 인물임. 1918년생의 본명 김수악과 1926년생 본명 김순녀(후일에 수악으로 사용) 2명이 존재했다.

89 문화재관리국, 1996, 『입춤. 한량무. 검무 조사보고서』, 문화재연구소, 63쪽.

90 위의 책, 230쪽.

91 위의 책, 140쪽.

92 위의 책, 228쪽.

93 성계옥·차옥수, 2002, 『진주검무』, 화산문화, 186쪽.

94 김천흥, 하루미·최숙희·최해리 엮음, 2004, 『심소 김천흥 선생님의 우리춤 이야기』, 민속원, 266쪽.

95 현재 진주검무의 예능보유자 김태연의 증언. 2023. 1. 18.

96 『여행스케치』, "진주에서 더 이상 논개를 찾지 말라!", 2004. 12. 1.

97 『조선중앙일보』, 1933. 8. 24.

이 저서는 2022년 대한민국 교육부와 한국연구재단의 지원을 받아 수행된 연구임(NRF-2022S1A5B5A16054598)

궁으로 간 최순이

2023년 6월 19일 초판 1쇄 발행

지은이	양지선
펴낸이	권순기
부장	김경민
편집	이가람
디자인	이희은

펴낸곳	경상국립대학교출판부 ｜ 출판등록 1989년 1월 7일 제16호
주소	경남 진주시 진주대로 501
전화번호	055) 772-0803
팩스	055) 772-0809
전자우편	gspress@gnu.ac.kr
홈페이지	http://gspress.gnu.ac.kr
페이스북	https://www.facebook.com/gnupub
블로그	https://blog.naver.com/gnupress12
인스타그램	https://www.instagram.com/gnupress